プリント形式のリアル過去問で本番の臨場感！

宮城県

東北学院中学校

2025年春受験用

解答集

本書は，実物をなるべくそのままに，プリント形式で年度ごとに収録しています。
問題用紙を教科別に分けて使うことができるので，本番さながらの演習ができます。

■ 収録内容

・解答集(この冊子です)

書籍ＩＤ番号，この問題集の使い方，最新年度実物データ，リアル過去問の活用，
解答例と解説，ご使用にあたってのお願い・ご注意，お問い合わせ

・2024(令和６)年度 ～ 2021(令和３)年度　学力検査問題

・リスニング問題音声《オンラインで聴く》　詳しくは次のページをご覧ください。

○は収録あり	年度	'24	'23	'22	'21		
■ 問題(前期<3教科型>)※		○	○	○	○		
■ 解答用紙		○	○	○	○		
■ 配点							

算数に解説があります

※2021年度は前期<2教科型>を収録. 2022年度より英語リスニングを導入(リスニング原稿は非公表, 音声は収録しています)
注)国語問題文非掲載:2024年度の一

問題文の非掲載につきまして

著作権上の都合により，本書に収録している過去入試問題の本文の一部を掲載しておりません。ご不便をおかけし，誠に申し訳ございません。

本文の一部を掲載できなかったことによる国語の演習不足を補うため，論説文および小説文の演習問題のダウンロード付録があります。弊社ウェブサイトから書籍ＩＤ番号を入力してご利用ください。

なお，問題の量，形式，難易度などの傾向が，実際の入試問題と一致しない場合があります。

教英出版

JN132515

■ 書籍ＩＤ番号

リスニング問題の音声は，教英出版ウェブサイトの「ご購入者様のページ」画面で，書籍ＩＤ番号を入力してご利用ください。

入試に役立つダウンロード付録や学校情報なども随時更新して掲載しています。

書籍ＩＤ番号　104106

（有効期限：2025年9月30日まで）

【入試に役立つダウンロード付録】
「要点のまとめ(国語／算数)」
「課題作文演習」ほか

【リスニング問題音声】
オンラインで問題の音声を聴くことができます。
有効期限までは無料で何度でも聴くことができます。

■ この問題集の使い方

年度ごとにプリント形式で収録しています。針を外して教科ごとに分けて使用します。①片側，②中央のどちらかでとじてありますので，下図を参考に，問題用紙と解答用紙に分けて準備をしましょう（解答用紙がない場合もあります）。

針を外すときは，けがをしないように十分注意してください。また，針を外すと紛失しやすくなりますので気をつけましょう。

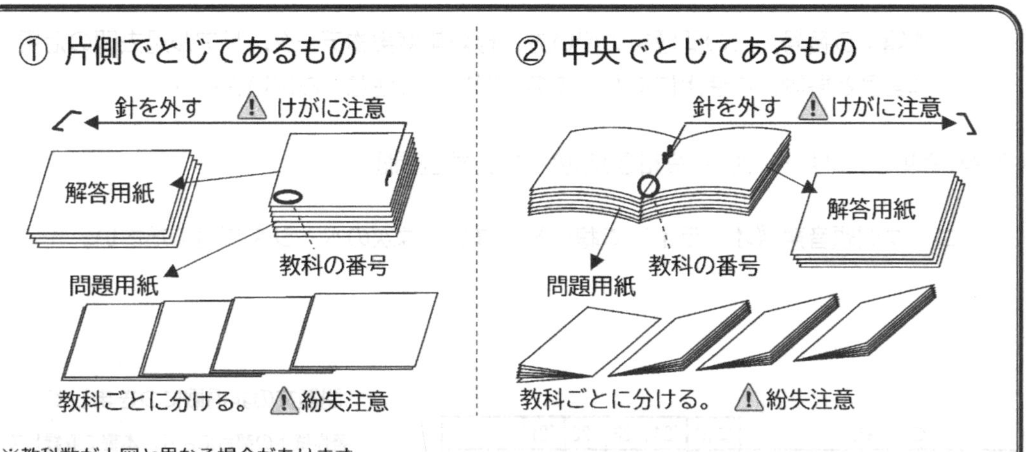

※教科数が上図と異なる場合があります。
解答用紙がない場合や，問題と一体になっている場合があります。
教科の番号は，教科ごとに分けるときの参考にしてください。

■ 最新年度 実物データ

実物をなるべくそのままに編集していますが，収録の都合上，実際の試験問題とは異なる場合があります。実物のサイズ，様式は右表で確認してください。

問題用紙	Ａ４冊子(二つ折り)
解答用紙	国・算：Ａ３片面プリント 英リスニング：Ａ４片面プリント

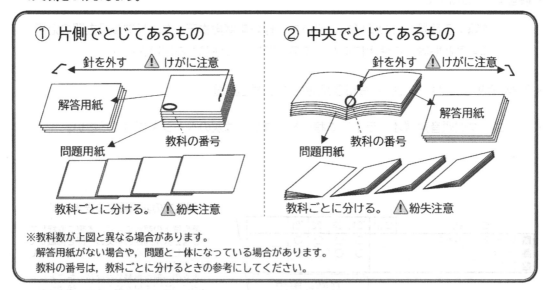

リアル過去問の活用

～リアル過去問なら入試本番で力を発揮することができる～

本番を体験しよう！

問題用紙の形式（縦向き / 横向き），問題の配置や余白など，実物に近い紙面構成なので本番の臨場感が味わえます。まずはパラパラとめくって眺めてみてください。「これが志望校の入試問題なんだ！」と思えば入試に向けて気持ちが高まることでしょう。

入試を知ろう！

同じ教科の過去数年分の問題紙面を並べて，見比べてみましょう。

①　問題の量

毎年同じ大問数か，年によって違うのか，また全体の問題量はどのくらいか知っておきましょう。どのくらいのスピードで解けば時間内に終わるのか，大問ひとつにかけられる時間を計算してみましょう。

②　出題分野

よく出題されている分野とそうでない分野を見つけましょう。同じような問題が過去にも出題されていることに気がつくはずです。

③　出題順序

得意な分野が毎年同じ大問番号で出題されていると分かれば，本番で取りこぼさないように先回りして解答することができるでしょう。

④　解答方法

記述式か選択式か（マークシートか），見ておきましょう。記述式なら，単位まで書く必要があるかどうか，文字数はどのくらいかなど，細かいところまでチェックしておきましょう。計算過程を書く必要があるかどうかも重要です。

⑤　問題の難易度

必ず正解したい基本問題，条件や指示の読み間違いといったケアレスミスに気をつけたい問題，後回しにしたほうがいい問題などをチェックしておきましょう。

問題を解こう！

志望校の入試傾向をつかんだら，問題を何度も解いていきましょう。ほかにも問題文の独特な言いまわしや，その学校独自の答え方を発見できることもあるでしょう。オリンピックや環境問題など，話題になった出来事を毎年出題する学校だと分かれば，日頃のニュースの見かたも変わってきます。

こうして志望校の入試傾向を知り対策を立てることこそが，過去問を解く最大の理由なのです。

実力を知ろう！

過去問を解くにあたって，得点はそれほど重要ではありません。大切なのは，志望校の過去問演習を通して，苦手な教科，苦手な分野を知ることです。苦手な教科，分野が分かったら，教科書や参考書に戻って重点的に学習する時間をつくりましょう。今の自分の実力を知れば，入試本番までの勉強の道すじが見えてきます。

試験に慣れよう！

入試では時間配分も重要です。本番で時間が足りなくなってあわてないように，リアル過去問で実戦演習をして，時間配分や出題パターンに慣れておきましょう。教科ごとに気持ちを切り替える練習もしておきましょう。

心を整えよう！

入試は誰でも緊張するものです。入試前日になったら，演習をやり尽くしたリアル過去問の表紙を眺めてみましょう。問題の内容を見る必要はもうありません。どんな形式だったかな？受験番号や氏名はどこに書くのかな？…ほんの少し見ておくだけでも，志望校の入試に向けて心の準備が整うことでしょう。

そして入試本番では，見慣れた問題紙面が緊張した心を落ち着かせてくれるはずです。

※まれに入試形式を変更する学校もありますが，条件はほかの受験生も同じです。心を整えてあせらずに問題に取りかかりましょう。

2024 解答例
令和6年度

東北学院中学校

《国　語》

一　問一．A．ア　B．イ　　問二．ものごとをうまく進めるための有効な手段が言葉であり、言葉を上手に使えば人間関係も良好に保て、どんな問題も解決できる／言葉は得体の知れない存在であり、信ずるに値するものではなく、言葉を弄する人たちはうさん臭く、無口な方がまだよい　　問三．人間関係のあり方　　問四．ア
問五．A．心情　B．共感　C．言葉観　　問六．オ

二　問一．A．ア　B．エ　C．オ　　問二．プライドが高くてリアルにフラれたことを認めたくなかったからだ
問三．A．指揮者　B．合唱祭の伴奏　C．プライドが高い　　問四．イ　　問五．ア　　問六．サジが率直にリアルの思いを伝えた結果、藤間が教室にもどれるようになったと思っているから。

三　①磁石　②安易　③巻　④券　⑤勤　⑥みんしゅう　⑦じょがい　⑧じゅうだん　⑨た
⑩おぎな

《算　数》

第一問　1．138　2．16　3．$1\frac{7}{9}$　4．$\frac{22}{35}$　5．$\frac{1}{30}$　6．14.72　7．25　8．12　9．$\frac{1}{6}$
10．$\frac{17}{250}$

第二問　1．ア　2．80　3．1130　4．150　5．24　6．20

第三問　1．76　2．390　3．(1)43.96　(2)91.08

第四問　1．ア．5　イ．275　ウ．2225　エ．45　オ．2　カ．222　キ．49　ク．50　ケ．49　2．62500

《英　語》

第1問　No.1．B　No.2．C　No.3．A　No.4．C

第2問　No.1．C　No.2．B　No.3．B

2024 算数解説 令和６年度 東北学院中学校

第一問

2　与式＝13＋３＝**16**

4　与式＝$\frac{15}{35}+\frac{7}{35}=\mathbf{\frac{22}{35}}$

5　与式＝$\frac{7}{10}-\frac{2}{3}=\frac{21}{30}-\frac{20}{30}=\mathbf{\frac{1}{30}}$

8　与式＝$(38-16)\times\frac{1}{11}+10=22\times\frac{1}{11}+10=2+10=\mathbf{12}$

9　与式＝$\frac{4}{15}\times\frac{5}{6}\times\frac{3}{4}=\mathbf{\frac{1}{6}}$

10　与式＝$(0.375-0.256)\times\frac{4}{7}=0.119\times\frac{4}{7}=\frac{119}{1000}\times\frac{4}{7}=\mathbf{\frac{17}{250}}$

第二問

1　時速６㎞＝分速(６×1000÷60)ｍ＝分速100ｍ，秒速160㎝＝分速(160×60÷100)ｍ＝分速96ｍだから，最も速いのは，**ア**の時速６㎞である。

2　**【解き方】(平均点)×(回数)＝(合計点)になる。また，和差算を利用する。**

５回のテストの合計点は84×５＝420(点)だから，４回目と５回目の合計点は420－(92＋77＋82)＝169(点)である。５回目の点数を９点低くすると，４回目の点数と等しくなり，４回目と５回目の合計点は169－９＝160(点)になるから，４回目の点数は160÷２＝**80**(点)である。

3　**【解き方】右図より，列車が走った長さは，トンネルの長さと列車の長さの和である。**

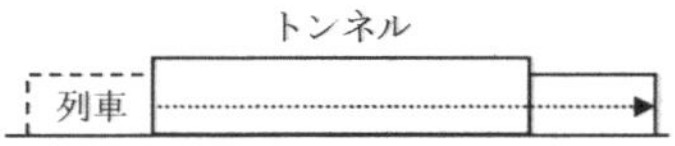

列車の長さは20×６＝120(ｍ)であり，列車の最前部は50秒で25×50＝1250(ｍ)進むから，トンネルの長さは1250－120＝**1130**(ｍ)である。

4　**【解き方】水を加えても，食塩水にふくまれる食塩の量は変わらない。**

14％の食塩水150ｇにふくまれる食塩は150×0.14＝21(ｇ)だから，水を加えて濃度《のうど》が７％になったときの食塩水の量は21÷0.07＝300(ｇ)である。よって，加えた水は300－150＝**150**(ｇ)

5　一番左の人の決め方は４通りあり，この４通りそれぞれに対して左から２番目の人の決め方は３通りある。さらに，左から３番目の人，４番目の人の決め方はそれぞれ２通り，１通りだから，全部で４×３×２×１＝**24**(通り)ある。

6　６年１組の児童は１＋２＋４＋６＋５＋３＋３＋１＝25(人)いる。身長が150㎝以上155㎝未満の児童は５人だから，全体の$\frac{5}{25}\times100=\mathbf{20}$(％)である。

第三問

1　**【解き方】折り返した角の大きさは等しいことを利用する。**

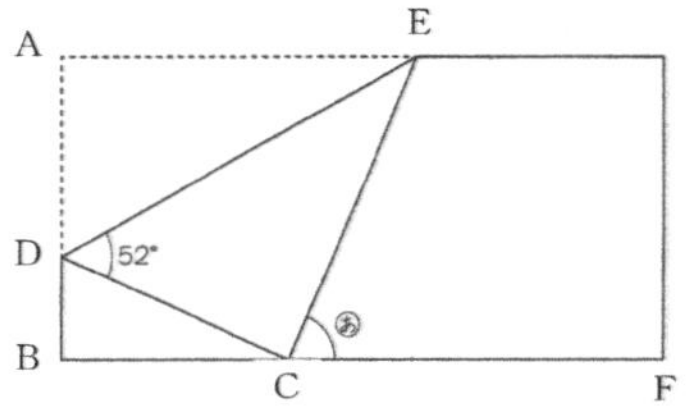

折り返した角の大きさは等しいから，右図で，角ＡＤＥ＝角ＣＤＥ＝52°

よって，角ＣＤＢ＝180°－52°×２＝76°

また，角ＤＣＥ＝角ＤＡＥ＝90°

三角形ＤＢＣにおいて，三角形の１つの外角は，これととなり合わない２つの内角の和に等しいので，角ＤＣＦ＝角ＣＤＢ＋角ＤＢＣ＝76°＋90°＝166°だから，

角㋐＝166°－角ＤＣＥ＝166°－90°＝**76°**

2　この三角柱は，底面の直角三角形の直角をつくる２辺の長さが５㎝，12 ㎝，高さが 13 ㎝だから，求める体積は $5\times12\div2\times13=$**390**(㎤)である。

3(1)　**【解き方】３つのおうぎ形の半径はそれぞれ 14 ㎝，24－14＝10(㎝)，14－10＝４(㎝)であり，中心角はすべて 90° である。**

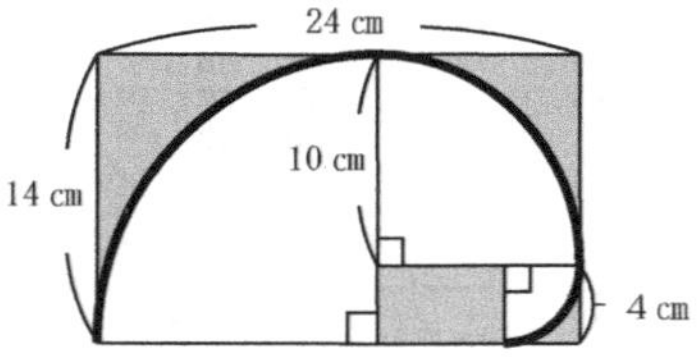

太線の長さは，$14\times2\times3.14\times\frac{90^\circ}{360^\circ}+10\times2\times3.14\times\frac{90^\circ}{360^\circ}+4\times2\times3.14\times\frac{90^\circ}{360^\circ}=$**43.96**(㎝)

(2)　**【解き方】求める面積は，縦，横の長さがそれぞれ 14 ㎝，24 ㎝の長方形の面積から，３つのおうぎ形の面積を引いた値《あたい》である。**

求める面積は，$14\times24-14\times14\times3.14\times\frac{90^\circ}{360^\circ}-10\times10\times3.14\times\frac{90^\circ}{360^\circ}-4\times4\times3.14\times\frac{90^\circ}{360^\circ}=$

$336-(196+100+16)\times3.14\times\frac{1}{4}=$**91.08**(㎠)

第四問

1　$51+53+55+57+59=50\times$**5**$+(1+3+5+7+9)=250+25=$**275**，$441+443+445+447+449=440\times5+25=$**2225** となる。

443 は第 44＋１＝**45** グループの**２**個目の数だから，１から小さい順に並べた奇数の 44×５＋２＝**222**(番目)である。

第 50 グループの５個の奇数の和は，第１グループの５個の奇数の和に 50 を 50－１＝**49**(回)足せばよい。25 はすべてのグループに１回ずつふくまれるから，**50** 回足すことになる。また，50 は第２グループで１回，第３グループで２回，…，第 50 グループで 49 回足すから，(１＋２＋３＋…＋**49**)回足すことになる。

2　第１グループから第 50 グループの和は，25×50＋50×(1275－50)＝50×(25＋1225)＝50×1250＝**62500** である。

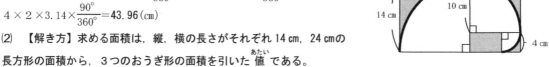

東北学院中学校

《国　語》

一　問一．ウ　　問二．栄養補充説　　問三．Ⅰ．エ　Ⅱ．ア　Ⅲ．ウ　　問四．私たちは、十分な量を食べたように見えたときに食べやむという考え。　　問五．A．約二四〇グラム　B．約四二〇グラム　　問六．X．イ　Y．ア　　問七．エ　　問八．答え…A　理由…食べる量は、十分な量の栄養が体内に入ったかではなく、体内に入ったように見えたか

二　問一．オ→イ　　問二．エ　　問三．眼　　問四．１．村田さんが～やがった。　２．１つ目…あいつが生きていたらと思う気持ち。　２つ目…ちょっとだけ永遠に近づけたような気持ち。　　問五．写真がない理由が人の死に関わることを知り、しょうげきを受けたから。　　問六．C

三　①職業　②厚　③適　④保健　⑤往復　⑥やさ　⑦きず　⑧かかく　⑨そな　⑩しゅうかん

《算　数》

第一問　１．376　２．20　３．3　４．$\frac{34}{35}$　５．$\frac{1}{30}$　６．8.91　７．20　８．40　９．$\frac{5}{12}$　10．16

第二問　１．71　２．60　３．240　４．80　５．90　６．(1)38　(2)36

第三問　１．19　２．18.84　３．12　４．37

第四問　１．ア．10　イ．13　ウ．16　２．エ．91　オ．30　カ．11　キ．５　ク．45　３．1500

《英語リスニング》

第１問　No.1．B　No.2．C　No.3．B　No.4．A

第２問　No.1．C　No.2．A　No.3．C

第一問

2　与式$=11+9=\mathbf{20}$

3　与式$=2\frac{3}{3}=\mathbf{3}$

4　与式$=\frac{14}{35}+\frac{20}{35}=\mathbf{\frac{34}{35}}$

5　与式$=\frac{1}{3}-\frac{3}{10}=\frac{10}{30}-\frac{9}{30}=\mathbf{\frac{1}{30}}$

7　与式$=\frac{42}{10}\div\frac{21}{100}=\frac{42}{10}\times\frac{100}{21}=\mathbf{20}$

8　与式$=21+(21-2)=21+19=\mathbf{40}$

9　与式$=\frac{5}{18}\div\frac{36}{10}\times\frac{54}{10}=\frac{5}{18}\times\frac{10}{36}\times\frac{54}{10}=\mathbf{\frac{5}{12}}$

10　与式$=(0.5+3.5)\div\frac{25}{100}=4\times\frac{100}{25}=\mathbf{16}$

第二問

1　２番目の数は３＋４＝７，３番目の数は３＋４＋４＝11，４番目の数は３＋４＋４＋４＝15，…のように，３から４ずつ大きくなる数が並んでいる。よって，18番目の数は，３に４を18－１＝17(回)たした数で，３＋４×(18－１)＝**71**

2　**【解き方】(往復の平均の速さ)＝(往復の道のり)÷(往復にかかった時間)である。**

片道3.6㎞＝3600m，往復の道のりは3600×２＝7200(m)だから，往復にかかった時間は，7200÷80＝90(分)行きにかかった時間は3600÷120＝30(分)だから，帰りにかかった時間は90－30＝60(分)で，帰りの速さは，分速(3600÷60)m＝分速**60**mである。

3　120円のお菓子を３個買うと，値引き後の値段は120×３－100＝260(円)だから，500円支払ったときのおつりは，500－260＝**240**(円)

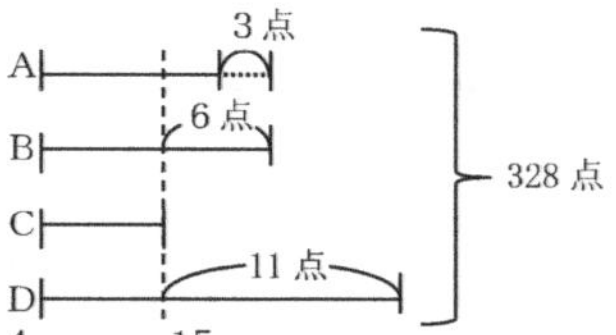

4　４人の合計点は，82×４＝328(点)　　右図より，328－(６－３)－６－11＝308(点)がＣの得点の４倍になるから，Ｃの得点は308÷４＝77(点)で，Ａの得点は，77＋３＝**80**(点)

5　３日で読んだ８×３＝24(ページ)が全体の$\frac{4}{15}$だから，全体のページ数は，$24\div\frac{4}{15}=24\times\frac{15}{4}=\mathbf{90}$(ページ)

6(1)　サッカー部は19人だから，人数の割合は，$\frac{19}{50}\times100=\mathbf{38}$(％)

(2)　科学部は５人だから，全体の$\frac{5}{50}=\frac{1}{10}$である。よって，㋐の角度も360°の$\frac{1}{10}$で，$360°\times\frac{1}{10}=\mathbf{36}$(°)

第三問

1　ＡＣとＢＤが交わる点をＥとすると，角ＢＡＥ＝60°，角ＡＥＢ＝角ＤＥＣ＝101°である。三角形の内角の和は180°だから，三角形ＡＢＥにおいて，角㋐＝180°－60°－101°＝**19**(°)

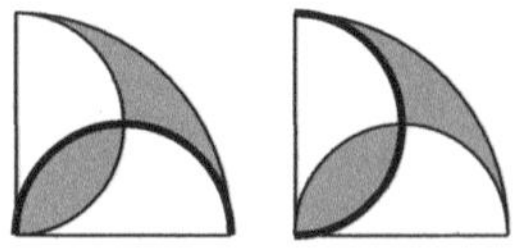

2　右図の太線を合わせると，半径が２㎝の円の円周になる。求める長さは，太線の長さと，半径が２×２＝４(㎝)の円の円周の$\frac{1}{4}$の長さの和だから，$2\times2\times3.14+4\times2\times3.14\times\frac{1}{4}=\mathbf{18.84}$(㎝)

3　【解き方】ＡＤを延長した直線に，点Ｇ，点Ｅから垂直な線をひく。面積が等しくなる部分を見つけて動かして考える。

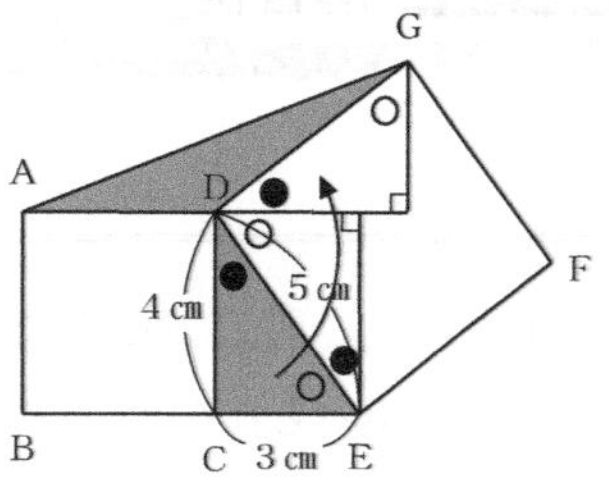

右図の印をつけた角は等しいから，三角形ＤＣＥと合同な三角形ができる。
三角形ＤＣＥを矢印のように動かすと，色のついた部分を合わせた形は，
底辺が４＋４＝８(cm)，高さが３cmの直角三角形になる。
よって，求める面積は，８×３÷２＝**12**(㎠)

4　おもりが水を押し出したから，あふれた水の量はおもりの体積に等しく
３×３×３＝27(㎤)　よって，容器に残った水の体積は，４×４×４－27＝**37**(㎤)

第四問

1　正方形を１個増やすと，つまようじは３本増えるから，ア＝７＋３＝**10**，イ＝10＋３＝**13**，ウ＝13＋３＝**16**

2　正方形が 30 個つくるとき，１個目の正方形につまようじを４本使い，さらに正方形を 29 個増やすから，必要な本数は全部で，エ＝４＋３×29＝**91**(本)　　オ＝(91－１)÷３＝**30**
正三角形を５個つくるとき，１個目の正三角形につまようじを３本使い，正三角形を１個増やすとつまようじの本数は２本増えるから，必要な本数は全部で，カ＝３＋２×(５－１)＝**11**(本)　　キ＝(11－１)÷２＝**5**
１＋３×30＝１＋２×クの形にすると，ク＝(91－１)÷２＝**45**

3　正方形を 1000 個作るとき，使うつまようじの本数は，１＋３×1000＝3001(本)　　正三角形が○個できるとすると，１＋２×○＝3001 となるから，○＝(3001－１)÷２＝1500　　よって，正三角形は **1500** 個できる。

2022 解答例 令和４年度　東北学院中学校

《国　語》

一　問一．イ　　問二．殺虫剤で姿を消す昆虫たち。　　問三．殺虫剤がまかれ、天敵がいなくなったため、エサを思うように食べられる田んぼや畑。　　問四．Ⅰ．人を病気にする　Ⅱ．見た目が気持ち悪い　　問五．人間にとって都合が悪い

二　問一．Ⅰ．エ　Ⅱ．カ　Ⅲ．ア　Ⅳ．ウ　　問二．A．ウ　B．ア　　問三．オ　　問四．三上君が、自分が遊びに来ることをすっかり忘れていたから。　　問五．X．新しい友だちとの関係　Y．とても悲しい　　問六．エ　　問七．イ

三　①敬　②奪　③規模　④困　⑤承認　⑥はけん　⑦すいり　⑧かな　⑨はぐく　⑩りんじ

《算　数》

第一問　1．288　　2．12　　3．$\frac{6}{7}$　　4．$\frac{11}{12}$　　5．$\frac{4}{15}$　　6．24.96　　7．15　　8．8　　9．$\frac{3}{10}$　　10．19

第二問　1．60　　2．38.1　　3．8，32　　4．385

5．100円あたりのカロリーが最も高い商品…ツナマヨネーズおにぎり

100円あたりのカロリーが最も低い商品…明太子スパゲッティ　　6．(1)6　(2)60

第三問　1．長針…120　短針…10　　2．2　　3．216　　4．360

第四問　1．ア．11　イ．13　ウ．36　エ．49　オ．3　カ．216　キ．343　ク．9　　2．ケ．225　コ．2025

《英　語》

第１問　No. 1．B　　No. 2．A　　No. 3．C　　No. 4．A

第２問　No. 1．B　　No. 2．A　　No. 3．C

第一問

2　与式＝9＋3＝12

3　与式＝$\frac{9}{7}-\frac{3}{7}=\frac{6}{7}$

4　与式＝$\frac{9}{12}+\frac{2}{12}=\frac{11}{12}$

5　与式＝$\frac{3}{5}-\frac{1}{3}=\frac{9}{15}-\frac{5}{15}=\frac{4}{15}$

7　右の図のように筆算できるので，与式＝15

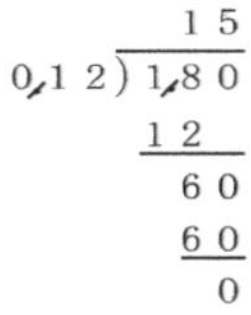

8　与式＝15－10＋3＝5＋3＝8

9　与式＝$\frac{3}{14}\div\frac{7}{2}\times\frac{49}{10}=\frac{3}{14}\times\frac{2}{7}\times\frac{49}{10}=\frac{3}{10}$

10　与式＝$(\frac{5}{7}-\frac{3}{8})\times56=\frac{5}{7}\times56-\frac{3}{8}\times56=40-21=19$

第二問

1　百の位が1のときの3けたの整数は，右の図のように12通りある。

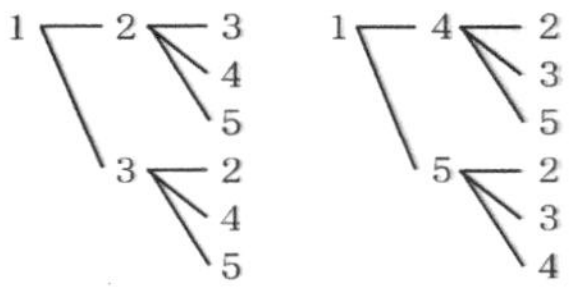

百の位が2～5の場合も同じように12通りずつあるので，全部で，

12×5＝60(通り)

2　(3人の体重の平均)＝(3人の体重の合計)÷3＝

(41.3＋35.8＋37.2)÷3＝114.3÷3＝38.1(kg)

3　**【解き方】(かかる時間)＝(道のり)÷(速さ)で求める。**

時速140㎞の特急列車が28㎞進むのにかかる時間は，28÷140＝0.2(時間)で，0.2時間＝(0.2×60)分＝12分なので，B駅に到着するのはA駅を8時20分に出発してから12分後の，8時32分である。

4　**【解き方】消費税8％が含まれる値段は元の値段の1＋0.08＝1.08(倍)，消費税10％が含まれる値段は元の値段の1＋0.1＝1.1(倍)である。**

求める値段は，378円の$\frac{1.1}{1.08}=\frac{55}{54}$(倍)だから，378×$\frac{55}{54}$＝385(円)

5　**【解き方】各商品について，(表示されているカロリー)×$\frac{100}{(表示されている値段)}$を計算する。**

100円あたりのカロリーは，ツナマヨネーズおにぎりが，234×$\frac{100}{120}$＝195(キロカロリー)，明太子スパゲッティが684×$\frac{100}{400}$＝171(キロカロリー)，チキンナゲットが270×$\frac{100}{150}$＝180(キロカロリー)，ポテトが480×$\frac{100}{250}$＝192(キロカロリー)，あんパンが152×$\frac{100}{80}$＝190(キロカロリー)である。よって，100円あたりのカロリーが最も高い商品はツナマヨネーズおにぎりで，最も低い商品は明太子スパゲッティである。

6　(1)　**【解き方】(点数の合計)÷(人数)を計算する。**

6年1組の人数は，1＋2＋2＋3＋1＋5＋2＋3＋1＝20(人)で，点数の合計は，

1×1＋2×2＋3×2＋5×3＋6×1＋7×5＋8×2＋9×3＋10×1＝120(点)

よって，平均点は，120÷20＝6(点)

(2)　平均点の6点以上の人数は1＋5＋2＋3＋1＝12(人)だから，平均点以上の点数の人の割合は，

$\frac{12}{20}$×100＝60(％)

第三問

1　**【解き方】１分間で何度回転するかを考える。**

長針は 60 分間で１回転するので，１分間で 360°÷60＝6°進む。よって，20 分間で 6°×20＝120°進む。

短針は 12 時間で１回転するので，１時間で 360°÷12＝30°進み，１分間で 30°÷60＝0.5°進む。

よって，20 分間で，0.5°×20＝10°進む。

2　**【解き方】正六角形を右図の太線で分けると，合同な６つの正三角形になる。**

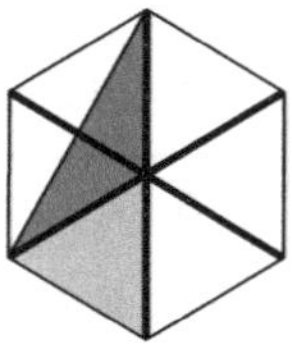

こい色をぬった部分の面積は，正三角形２つ分のちょうど半分だから，正三角形１つ分である。

よって，色をぬった部分の面積は正三角形２つ分の面積と等しくなるので，$6\times\frac{2}{6}=2$（㎠）

3　36＝６×６だから，１辺の長さは６cm となるので，体積は，36×６＝216（㎤）

4　**【解き方】角柱の体積は，(底面積)×(高さ)で求める。**

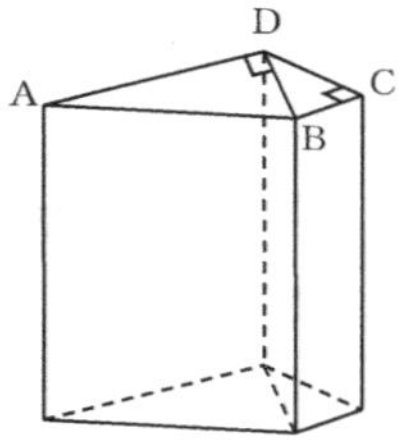

右図のように記号をおく。三角形ＡＢＤの面積は，ＡＤ×ＤＢ÷２＝12×５÷２＝30（㎠）

三角形ＢＣＤの面積は，ＢＣ×ＣＤ÷２＝３×４÷２＝６（㎠）

よって，底面積が 30＋６＝36（㎠），高さが 10 cmだから，体積は，36×10＝360（㎤）

第四問

1　カードに書かれている数の個数は，１枚目は１個，２枚目は３個，３枚目は５個と２個ずつ増えているので，６枚目のカードに書かれている個数は９＋２＝ア11(個)で，７枚目は 11＋２＝イ13(個)となる。

カードに書かれている数の中で一番大きい数は，１枚目は１＝１×１，２枚目は４＝２×２，３枚目は９＝３×３，４枚目は 16＝４×４，５枚目は 25＝５×５となり，同じ数を２回かけた数となる。

よって，６枚目は６×６＝ウ36，７枚目は７×７＝エ49となる。

カードに書かれている数をすべて足した数は，１枚目は１＝１×１×１，２枚目は８＝２×２×２，３枚目は 27＝３×３×３，４枚目は 64＝４×４×４となり，同じ数をオ3回かけた数となる。

よって，６枚目は６×６×６＝カ216，７枚目は７×７×７＝キ343となる。

729 を素数の積で表すと，729＝３×３×３×３×３×３となるから，729＝９×９×９なので，カードに書かれている数をすべて足した数が 729 となるのは，ク9枚目である。

2　１枚目～５枚目のカードに書かれている数をすべて足すと，

（１＋２＋３＋４＋５）×（１＋２＋３＋４＋５）＝ケ225になる。

１枚目～９枚目のカードに書かれている数をすべて足すと，

（１＋２＋３＋…＋９）×（１＋２＋３＋…＋９）＝45×45＝コ2025になる。

2021 解答例 令和３年度

東北学院中学校

《国　語》

一　問一．１つ目…地域空間で営々と積み上げられた暮らしの風景は、いちど壊されたらもとには戻らないから。
２つ目…他の場所にも次々と新しいものはできるので、その場所の個性を保つのは難しいから。　　問二．ウ
問三．Ⅰ．エ　Ⅱ．オ　Ⅲ．ア　　問四．ウ　　問五．地元の人や専門家と一緒になって地道に学習するプロセス
問六．エ

二　問一．Ⅰ．イ　Ⅱ．ア　Ⅲ．イ　　問二．ウ　　問三．新を伴走者として走らせることで、苦しめてやりたい、という考え。　　問四．イ　　問五．伴走者はランナーのために走るはずなのに、新は自分のために走っていたから。
問六．走りたくない　　問七．ア

三　①操作　②厳　③複雑　④検査　⑤配　⑥はか　⑦せいけつ　⑧こうこう　⑨つと
⑩きゅうじょ

《算　数》

第一問　⑴487　⑵8　⑶$\frac{2}{5}$　⑷$1\frac{5}{12}$　⑸$\frac{2}{15}$　⑹20.21　⑺5　⑻9　⑼$2\frac{1}{4}$　⑽9

第二問　１．⑴12　⑵72　２．B　３．12　４．57　５．⑴△　⑵○　⑶×

第三問　１．105　２．6　３．5.5　４．7.85

第四問　１．22.9　２．ウ，オ　３．⑴35.2　⑵1.2

【算数の解説】

第一問

⑵　与式$=3+5=8$

⑶　与式$=\frac{6}{5}-\frac{4}{5}=\frac{2}{5}$

⑷　与式$=\frac{9}{12}+\frac{8}{12}=\frac{17}{12}=1\frac{5}{12}$

⑸　与式$=\frac{4}{5}-\frac{2}{3}=\frac{12}{15}-\frac{10}{15}=\frac{2}{15}$

⑹　右の筆算参照。小数点の位置に気をつける。

⑺　右の筆算参照

```
     4.3
   × 4.7
   -----
    3 0 1
  1 7 2
  -------
  2 0.2 1
```

```
              5
          -------
0.42 ) 2.10
       2 1 0
       -----
           0
```

⑻　与式$=12-8+5=4+5=9$

⑼　与式$=\frac{3}{8}\times\frac{12}{7}\times\frac{7}{2}=\frac{9}{4}=2\frac{1}{4}$

⑽　与式$=(\frac{5}{8}-\frac{1}{4})\times24=(\frac{5}{8}-\frac{2}{8})\times24=\frac{3}{8}\times24=9$

第二問

1⑴　３つ以上の数の最大公約数を求めるときは，右のような筆算を利用する。
３つの数を割り切れる数で次々に割っていき，割った数をすべてかけあわせれば最大公約数となる。よって，最大公約数は，$2\times3\times2=12$

```
2 ) 36  60  84
3 ) 18  30  42
2 )  6  10  14
     3   5   7
```

⑵　３つ以上の数の最小公倍数を求めるときは，右のような筆算を利用する。
３つの数のうち２つ以上を割り切れる素数で次々に割っていき（割れない数はそのまま下におろす），割った数と割られた結果残った数をすべてかけあわせれば，最小公倍数となる。
よって，最小公倍数は，$2\times3\times1\times4\times3=72$

```
2 ) 6  8  9
3 ) 3  4  9
    1  4  3
```

2　**【解き方】収かく量を作付面積で割って１㎡あたりの収かく量を比べる。**

1㎡あたりの収かく量は，Aが5900÷1000＝5.9(kg)，Bが2700÷450＝6(kg)，Cが1300÷250＝5.2(kg)，Dが6600÷1200＝5.5(kg)である。よって，最も多い地域はBである。

3　1日目の残りは，$80\times(1-\frac{2}{5})=48$(ページ)　　2日目に，48ページの$\frac{3}{4}$を読んだから，残りは，$48\times(1-\frac{3}{4})=12$(ページ)

4　95mを1分40秒＝$1\frac{40}{60}$分＝$1\frac{2}{3}$分＝$\frac{5}{3}$分で進んだから，求める速さは，分速$(95\div\frac{5}{3})$m＝分速57m

5　**【解き方】yがxに比例するものは，$y=$(きまった数)$\times x$で表され，反比例するものは，$y=\frac{(きまった数)}{x}$，または，$x\times y=$(きまった数)で表される。**

(1)　$x\times y=24$と表すことができるから，反比例である。

(2)　$6\times x=y$より，$y=6\times x$と表すことができるから，比例である。

(3)　$x+y=24\div 2$より，$x+y=12$と表すことができる。これは比例でも反比例でもない。

第三問

1　**【解き方】三角定規の角度だから，わかる角度を図に書きこんでいく。**

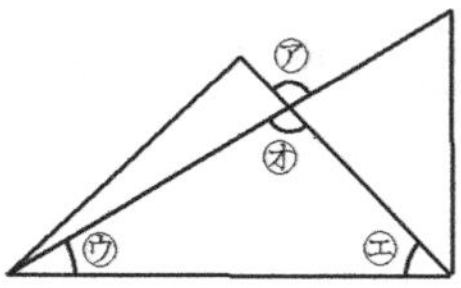

右図のように記号をおく。㋒の角は30°，㋓の角は45°である。三角形の内角の和は180°だから，㋒＋㋓＋㋔＝180°より，㋔＝180°－30°－45°＝105°

対頂角は等しいから，㋐＝㋔＝105°

2　**【解き方】右図のように記号をおく。長方形ＡＢＦＥと長方形ＥＦＣＤは縦の長さが等しいから，横の長さの比は面積比と等しい。**

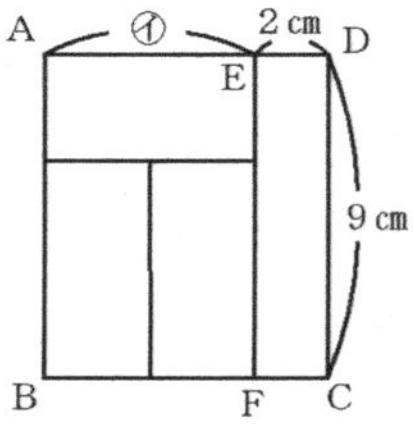

分けられたあとの長方形の個数を数えれば，長方形ＡＢＦＥと長方形ＥＦＣＤの面積比が3：1とわかる。よって，ＡＥ：ＥＤ＝3：1だから，㋑＝2×3＝6(cm)

3　**【解き方】長方形の対角線の長さは等しいから，ＢＯ＝ＡＣ＝5cmで，おうぎ形の半径は5cmとわかる。これを利用して，ＡＯ，ＣＯの長さを求める。**

ＢＣ＝ＡＯ＝5－1＝4(cm)，ＡＢ＝ＣＯ＝5－2＝3(cm)である。

よって，色をぬった部分の面積は，2×4÷2＋3×1÷2＝4＋1.5＝5.5(㎠)

4　**【解き方】側面の長方形の横の長さは半径1cmの円の円周の長さで，縦の長さは円柱の高さになる。円柱の体積は，(底面積)×(高さ)で求められる。**

側面の長方形の横の長さは，1×2×3.14＝6.28(cm)だから，縦の長さは，15.7÷6.28＝2.5(cm)である。

円柱の底面積は1×1×3.14＝3.14(㎠)だから，体積は，3.14×2.5＝7.85(㎤)

第四問

1　2019年の8月の平均気温は26.2℃で，2009年の8月の平均気温は，これより3.3℃低いから，26.2－3.3＝22.9(℃)である。

2　ア．最高気温が最も高いのは8月だから正しくない。　　イ．5月は，最高気温と平均気温の差が10.0℃より大きいから正しくない。　　エ．5月から6月にかけては最高気温が下がっているが，平均気温は上がっているから正しくない。　　正しいものは，ウとオである。

3(1)　2010年から2019年までの10年分の8月の最高気温をたして10で割ればよい。

(34.5＋35.4＋33.9＋35.6＋35.4＋36.6＋35.3＋32.6＋37.3＋35.1)÷10＝351.7÷10＝35.17より，求める平均は，小数第2位を四捨五入して，35.2℃である。

(2)　1970年から1979年までの8月の最高気温の平均は，

(33.1＋32.2＋34.0＋35.9＋33.8＋34.9＋32.4＋33.0＋35.7＋35.0)÷10＝340.0÷10＝34.00(℃)

2010年から2019年までの8月の最高気温の平均は35.17℃だから，1970年から1979年までの8月の最高気温の平均より，35.17－34.00＝1.17(℃)高くなっている。よって，小数第2位を四捨五入して，1.2℃高くなっている。

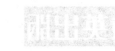

■ ご使用にあたってのお願い・ご注意

（1）問題文等の非掲載

著作権上の都合により，問題文や図表などの一部を掲載できない場合があります。

誠に申し訳ございませんが，ご了承くださいますようお願いいたします。

（2）過去問における時事性

過去問題集は，学習指導要領の改訂や社会状況の変化，新たな発見などにより，現在とは異なる表記や解説になっている場合があります。過去問の特性上，出題当時のままで出版していますので，あらかじめご了承ください。

（3）配点

学校等から配点が公表されている場合は，記載しています。公表されていない場合は，記載していません。

独自の予想配点は，出題者の意図と異なる場合があり，お客様が学習するうえで誤った判断をしてしまう恐れがあるため記載していません。

（4）無断複製等の禁止

購入された個人のお客様が，ご家庭でご自身またはご家族の学習のためにコピーをすることは可能ですが，それ以外の目的でコピー，スキャン，転載（ブログ，ＳＮＳなどでの公開を含みます）などをすることは法律により禁止されています。学校や学習塾などで，児童生徒のためにコピーをして使用することも法律により禁止されています。

ご不明な点や，違法な疑いのある行為を確認された場合は，弊社までご連絡ください。

（5）けがに注意

この問題集は針を外して使用します。針を外すときは，けがをしないように注意してください。また，表紙カバーや問題用紙の端で手指を傷つけないように十分注意してください。

（6）正誤

制作には万全を期しておりますが，万が一誤りなどがございましたら，弊社までご連絡ください。

なお，誤りが判明した場合は，弊社ウェブサイトの「ご購入者様のページ」に掲載しておりますので，そちらもご確認ください。

■ お問い合わせ

解答例，解説，印刷，製本など，問題集発行におけるすべての責任は弊社にあります。

ご不明な点がございましたら，弊社ウェブサイトの「お問い合わせ」フォームよりご連絡ください。迅速に対応いたしますが，営業日の都合で回答に数日を要する場合があります。

ご入力いただいたメールアドレス宛に自動返信メールをお送りしています。自動返信メールが届かない場合は，「よくある質問」の「メールの問い合わせに対し返信がありません。」の項目をご確認ください。

また弊社営業日（平日）は，午前９時から午後５時まで，電話でのお問い合わせも受け付けています。

2025 春

教英出版

株式会社教英出版

〒422-8054　静岡県静岡市駿河区南安倍３丁目 12-28

TEL　054-288-2131　　FAX　054-288-2133

URL　https://kyoei-syuppan.net/

MAIL siteform@kyoei-syuppan.net

神奈川県

①[県立]
- 相模原中等教育学校
- 平塚中等教育学校

②[市立]南高等学校附属中学校
③[市立]横浜サイエンスフロンティア高等学校附属中学校
④[市立]川崎高等学校附属中学校
✿⑤聖光学院中学校
✿⑥浅野中学校
⑦洗足学園中学校
⑧法政大学第二中学校
⑨逗子開成中学校（1次）
⑩逗子開成中学校（2·3次）
⑪神奈川大学附属中学校（第1回）
⑫神奈川大学附属中学校（第2·3回）
⑬栄光学園中学校
⑭フェリス女学院中学校

新潟県

①[県立]
- 村上中等教育学校
- 柏崎翔洋中等教育学校
- 燕中等教育学校
- 津南中等教育学校
- 直江津中等教育学校
- 佐渡中等教育学校

②[市立]高志中等教育学校
③新潟第一中学校
④新潟明訓中学校

石川県

①[県立]金沢錦丘中学校
②星稜中学校

福井県

①[県立]高志中学校

山梨県

①山梨英和中学校
②山梨学院中学校
③駿台甲府中学校

長野県

①[県立]
- 屋代高等学校附属中学校
- 諏訪清陵高等学校附属中学校

②[市立]長野中学校

岐阜県

①岐阜東中学校
②鶯谷中学校
③岐阜聖徳学園大学附属中学校

静岡県

①[国立]静岡大学教育学部附属中学校（静岡·島田·浜松）
②
- [県立]清水南高等学校中等部
- [県立]浜松西高等学校中等部
- [市立]沼津高等学校中等部

③不二聖心女子学院中学校
④日本大学三島中学校
⑤加藤学園暁秀中学校
⑥星陵中学校
⑦東海大学付属静岡翔洋高等学校中等部
⑧静岡サレジオ中学校
⑨静岡英和女学院中学校
⑩静岡雙葉中学校
⑪静岡聖光学院中学校
⑫静岡学園中学校
⑬静岡大成中学校
⑭城南静岡中学校
⑮静岡北中学校
⑯
- 常葉大学附属常葉中学校
- 常葉大学附属橘中学校
- 常葉大学附属菊川中学校

⑰藤枝明誠中学校
⑱浜松開誠館中学校
⑲静岡県西遠女子学園中学校
⑳浜松日体中学校
㉑浜松学芸中学校

愛知県

①[国立]愛知教育大学附属名古屋中学校
②愛知淑徳中学校
③
- 名古屋経済大学市邨中学校
- 名古屋経済大学高蔵中学校

④金城学院中学校
⑤椙山女学園中学校
⑥東海中学校
⑦南山中学校男子部
⑧南山中学校女子部
⑨聖霊中学校
⑩滝中学校
⑪名古屋中学校
⑫大成中学校
⑬愛知中学校
⑭星城中学校
⑮名古屋葵大学中学校
（名古屋女子大学中学校）
⑯愛知工業大学名電中学校
⑰海陽中等教育学校（特別給費生）
⑱海陽中等教育学校（I·II）
⑲中部大学春日丘中学校
新刊⑳名古屋国際中学校

三重県

①[国立]三重大学教育学部附属中学校
②暁中学校
③海星中学校
④四日市メリノール学院中学校
⑤高田中学校
⑥セントヨゼフ女子学園中学校
⑦三重中学校
⑧皇學館中学校
⑨鈴鹿中等教育学校
⑩津田学園中学校

滋賀県

①[国立]滋賀大学教育学部附属中学校
②[県立]
- 河瀬中学校
- 守山中学校
- 水口東中学校

京都府

①[国立]京都教育大学附属桃山中学校
②[府立]洛北高等学校附属中学校
③[府立]園部高等学校附属中学校
④[府立]福知山高等学校附属中学校
⑤[府立]南陽高等学校附属中学校
⑥[市立]西京高等学校附属中学校
⑦同志社中学校
⑧洛星中学校
⑨洛南高等学校附属中学校
⑩立命館中学校
⑪同志社国際中学校
⑫同志社女子中学校（前期日程）
⑬同志社女子中学校（後期日程）

大阪府

①[国立]大阪教育大学附属天王寺中学校
②[国立]大阪教育大学附属平野中学校
③[国立]大阪教育大学附属池田中学校

④[府立]富田林中学校
⑤[府立]咲くやこの花中学校
⑥[府立]水都国際中学校
⑦清風中学校
⑧高槻中学校（A日程）
⑨高槻中学校（B日程）
⑩明星中学校
⑪大阪女学院中学校
⑫大谷中学校
⑬四天王寺中学校
⑭帝塚山学院中学校
⑮大阪国際中学校
⑯大阪桐蔭中学校
⑰開明中学校
⑱関西大学第一中学校
⑲近畿大学附属中学校
⑳金蘭千里中学校
㉑金光八尾中学校
㉒清風南海中学校
㉓帝塚山学院泉ヶ丘中学校
㉔同志社香里中学校
㉕初芝立命館中学校
㉖関西大学中等部
㉗大阪星光学院中学校

兵庫県

①[国立]神戸大学附属中等教育学校
②[県立]兵庫県立大学附属中学校
③雲雀丘学園中学校
④関西学院中学部
⑤神戸女学院中学部
⑥甲陽学院中学校
⑦甲南中学校
⑧甲南女子中学校
⑨灘中学校
⑩親和中学校
⑪神戸海星女子学院中学校
⑫滝川中学校
⑬啓明学院中学校
⑭三田学園中学校
⑮淳心学院中学校
⑯仁川学院中学校
⑰六甲学院中学校
⑱須磨学園中学校(第1回入試)
⑲須磨学園中学校(第2回入試)
⑳須磨学園中学校(第3回入試)
㉑白陵中学校
㉒夙川中学校

奈良県

①[国立]奈良女子大学附属中等教育学校
②[国立]奈良教育大学附属中学校
③[県立]{国際中学校
青翔中学校
④[市立]一条高等学校附属中学校
⑤帝塚山中学校
⑥東大寺学園中学校
⑦奈良学園中学校
⑧西大和学園中学校

和歌山県

①[県立]{古佐田丘中学校
向陽中学校
桐蔭中学校
日高高等学校附属中学校
田辺中学校
②智辯学園和歌山中学校
③近畿大学附属和歌山中学校
④開智中学校

岡山県

①[県立]岡山操山中学校
②[県立]倉敷天城中学校
③[県立]岡山大安寺中等教育学校
④[県立]津山中学校
⑤岡山中学校
⑥清心中学校
⑦岡山白陵中学校
⑧金光学園中学校
⑨就実中学校
⑩岡山理科大学附属中学校
⑪山陽学園中学校

広島県

①[国立]広島大学附属中学校
②[国立]広島大学附属福山中学校
③[県立]広島中学校
④[県立]三次中学校
⑤[県立]広島叡智学園中学校
⑥[市立]広島中等教育学校
⑦[市立]福山中学校
⑧広島学院中学校
⑨広島女学院中学校
⑩修道中学校
⑪崇徳中学校
⑫比治山女子中学校
⑬福山暁の星女子中学校
⑭安田女子中学校
⑮広島なぎさ中学校
⑯広島城北中学校
⑰近畿大学附属広島中学校福山校
⑱盈進中学校
⑲如水館中学校
⑳ノートルダム清心中学校
㉑銀河学院中学校
㉒近畿大学附属広島中学校東広島校
㉓AICJ中学校
㉔広島国際学院中学校
㉕広島修道大学ひろしま協創中学校

山口県

①[県立]{下関中等教育学校
高森みどり中学校
②野田学園中学校

徳島県

①[県立]{富岡東中学校
川島中学校
城ノ内中等教育学校
②徳島文理中学校

香川県

①大手前丸亀中学校
②香川誠陵中学校

愛媛県

①[県立]{今治東中等教育学校
松山西中等教育学校
②愛光中学校
③済美平成中等教育学校
④新田青雲中等教育学校

高知県

①[県立]{安芸中学校
高知国際中学校
中村中学校

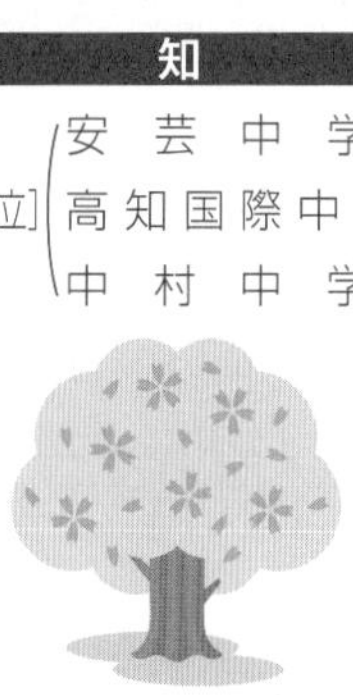

福岡県

①[国立]
- 福岡教育大学附属中学校（福岡·小倉·久留米）

②[県立]
- 育徳館中学校
- 門司学園中学校
- 宗像中学校
- 嘉穂高等学校附属中学校
- 輝翔館中等教育学校

③西南学院中学校
④上智福岡中学校
⑤福岡女学院中学校
⑥福岡雙葉中学校
⑦照曜館中学校
⑧筑紫女学園中学校
⑨敬愛中学校
⑩久留米大学附設中学校
⑪飯塚日新館中学校
⑫明治学園中学校
⑬小倉日新館中学校
⑭久留米信愛中学校
⑮中村学園女子中学校
⑯福岡大学附属大濠中学校
⑰筑陽学園中学校
⑱九州国際大学付属中学校
⑲博多女子中学校
⑳東福岡自彊館中学校
㉑八女学院中学校

佐賀県

①[県立]
- 香楠中学校
- 致遠館中学校
- 唐津東中学校
- 武雄青陵中学校

②弘学館中学校
③東明館中学校
④佐賀清和中学校
⑤成穎中学校
⑥早稲田佐賀中学校

長崎県

①[県立]
- 長崎東中学校
- 佐世保北中学校
- 諫早高等学校附属中学校

②青雲中学校
③長崎南山中学校
④長崎日本大学中学校
⑤海星中学校

熊本県

①[県立]
- 玉名高等学校附属中学校
- 宇土中学校
- 八代中学校

②真和中学校
③九州学院中学校
④ルーテル学院中学校
⑤熊本信愛女学院中学校
⑥熊本マリスト学園中学校
⑦熊本学園大学付属中学校

大分県

①[県立]大分豊府中学校
②岩田中学校

宮崎県

①[県立]五ヶ瀬中等教育学校

②[県立]
- 宮崎西高等学校附属中学校
- 都城泉ヶ丘高等学校附属中学校

③宮崎日本大学中学校
④日向学院中学校
⑤宮崎第一中学校

鹿児島県

①[県立]楠隼中学校
②[市立]鹿児島玉龍中学校
③鹿児島修学館中学校
④ラ・サール中学校
⑤志學館中等部

沖縄県

①[県立]
- 与勝緑が丘中学校
- 開邦中学校
- 球陽中学校
- 名護高等学校附属桜中学校

もっと過去問シリーズ

北海道

北嶺中学校
7年分（算数・理科・社会）

静岡県

静岡大学教育学部附属中学校
(静岡·島田·浜松)
10年分（算数）

愛知県

愛知淑徳中学校
7年分（算数・理科・社会）
東海中学校
7年分（算数・理科・社会）
南山中学校男子部
7年分（算数・理科・社会）
南山中学校女子部
7年分（算数・理科・社会）
滝中学校
7年分（算数・理科・社会）
名古屋中学校
7年分（算数・理科・社会）

岡山県

岡山白陵中学校
7年分（算数・理科）

広島県

広島大学附属中学校
7年分（算数・理科・社会）
広島大学附属福山中学校
7年分（算数・理科・社会）
広島学院中学校
7年分（算数・理科・社会）
広島女学院中学校
7年分（算数・理科・社会）
修道中学校
7年分（算数・理科・社会）
ノートルダム清心中学校
7年分（算数・理科・社会）

愛媛県

愛光中学校
7年分（算数・理科・社会）

福岡県

福岡教育大学附属中学校
(福岡·小倉·久留米)
7年分（算数・理科・社会）
西南学院中学校
7年分（算数・理科・社会）
久留米大学附設中学校
7年分（算数・理科・社会）
福岡大学附属大濠中学校
7年分（算数・理科・社会）

佐賀県

早稲田佐賀中学校
7年分（算数・理科・社会）

長崎県

青雲中学校
7年分（算数・理科・社会）

鹿児島県

ラ·サール中学校
7年分（算数・理科・社会）

※もっと過去問シリーズは
国語の収録はありません。

教英出版
〒422-8054
静岡県静岡市駿河区南安倍3丁目12－28
TEL 054-288-2131
FAX 054-288-2133
詳しくは教英出版で検索
教英出版　検索
URL https://kyoei-syuppan.net/

二〇二四（令和六）年度

東北学院中学校入学試験問題

〈前期3教科型〉

国　語

二〇二四（令和六）年一月五日（金）

九時〜九時五十分（五〇分間）

注意事《じ》項《こう》

一．受験番号・氏名を解答用紙にはっきり記入してください。

二．答えは、すべて解答用紙に記入してください。

三．解答用紙だけを提出してください。

一

次の文章を読んで、後の問いに答えなさい。

お詫び

著作権上の都合により、文章は掲載しておりません。

ご不便をおかけし、誠に申し訳ございません。

教英出版

お詫び
著作権上の都合により、文章は掲載しておりません。
ご不便をおかけし、誠に申し訳ございません。
教英出版

お詫び
著作権上の都合により、文章は掲載しておりません。
ご不便をおかけし、誠に申し訳ございません。
教英出版

（小林隆『言葉は必要だろうか』より）

※齟齬が生じる…物事が食い違うこと。行き違いになること。

※三種の神器…代々の天皇に授けられた三つの宝物。ここでは、大事なものをたとえて言う。
※言葉を弄する…言葉を思いのままあやつる。
※うさん臭く…様子がどことなくあやしく。
※しゃくし定規…融通が利かないこと。
※吐露する…気持ちなどを隠さずに述べる。

問一 [A]・[B] に当てはまる言葉を次の中からそれぞれ選び、記号で答えなさい。

ア ところが　**イ** あるいは　**ウ** たとえば　**エ** そして　**オ** そこで　**カ** つまり

問二 ――(1)「言葉がどういう存在であるかは、人によって違いがありそうである」について、言葉に対する考え方は関西人と東北人でどのように違いますか。それを説明した次の文の[　　]に入る表現を、本文中の表現を用いて答えなさい。

関西人は、[　　　　　　]と信じている。
東北人は、[　　　　　　]と考えている。

問三 ――(2)「関西人と東北人におけるこの〝言葉観〟の違いは確かに存在する」について、関西人と東北人の〝言葉観〟の根底にあるものの違いは何だと述べていますか。本文中から八字で抜き出して答えなさい。

問四 ――(3)「正直、私はショックを受けた」について、なぜショックを受けたのですか。その説明として最もふさわしいものを次の中から一つ選び、記号で答えなさい。

ア 東北人にとっての言葉は、単なるコミュニケーションの道具ではなく、人間の心と深く結びついたものだと気づいたから。

イ 東北人にとっての言葉は、魂と強く結びついたコミュニケーションの手段だということに改めて気づかされたから。

ウ 東北人にとっての言葉は、上手に使うことで深い人間関係を結ぶことのできるものだとはっきりと理解できたから。

エ 関西人にとっての言葉は、話し手に自分の心情を託すもので、良好なコミュニケーションの手段だと理解したから。

オ 関西人にとっての言葉は、素直な感情が形になったもので、相手との関係を良好にするものだと気づいたから。

問五 ――(4)「東北人にとっても言葉は必要な存在である」について、その理由は何ですか。それを説明した次の文の［　］に入る表現を本文中から指定の字数で抜き出して答えなさい。

> 自分自身の［A（漢字二字）］を表し、相手との間に［B（漢字二字）］を呼び起こすためのものであり、東北人の［C（漢字三字）］を支えるものだから。

問六 この文章を読んだあと、みんなで方言について考えました。次の中で、本文の内容に沿った発言を**していない**人を一人選び、記号で答えなさい。

ア Aさん　方言って、言葉が違うってだけでなくて、その土地の人々にとって、心情を表現し、共有するためにも役立っているんだね。

イ　Bさん　そりゃ、そうさ。その土地で生まれ育ったからには、先祖代々受け継がれたものの考え方がしみついているもんな。

ウ　Cさん　だから、関西から来たボランティアの人は地元の人から敬遠されたんだね。

エ　Dさん　でもさあ、郷に入っては郷に従えって言うもんね。その土地の人の考え方、行動を理解すれば、言葉は違っていても受け入れてもらえるよ。

オ　Eさん　結局、言葉は違っていても、考え方はみんな同じなんだね。

二

次の文章を読んで、後の問いに答えなさい。

どっちがインターホンを押すかをゆずりあって（押しつけあって）いると、とつぜん「ガー」という音が鳴って門が開いたので、ぼくとサジは本気でビビった。

「あのさ、さっきからなにやってんの？」

藤間《ふじま》愛莉《めり》が、あきれ顔で立っていた。

ひさしぶりにナマで見た藤間は、やっぱりかわいい顔をしていた。

こんな子をフッてしまうって、いったいどういう気持ちなんだろうな。一般人のぼくには、とうてい理解不能だ。

案内されたリビングには、見たこともないくらいにふっかふかのでかいソファがあった。座ると、もふっとからだがしずむ。

もふっ、だ。となりに座ったサジも、「マシュマロみたーい」ってよろこんでいる。

なんかまぬけだけど、ぼくたちはまず自己紹介をした。

「ぼく、川上サジ。四月に転校してきたんだ。よろしくね」

「おなじクラスの飛鳥《あすか》井《い》渡《わたる》。ええと、合唱祭のピアノ伴奏、とりあえずやっています」

むかいあって座ったセレブ・藤間は、腕と足を組んでいる。なんかハクリョクだね。芸能人オーラ全開だ。

サジが藤間に話しかける。

「おうちの人はいないの？」

「仕事に決まってんじゃん」

「えっと、藤間さんはお仕事ない日なの？ドラマ見てるよ、ぼく」

「もうとっくに撮影《さつえい》終わったもん。ネタバレだけど、うちの役、第九話で通り魔に殺されちゃうから」

「エッ」

「犯人はね、担任教師の弟。まだ出演シーンはオンエアされてないけど、アイドルの小手川ミチルだよ。すごいでしょ。で、裁判編はセカンドシーズンに続くから」

ぼくたちはなにもいえずに藤間を見ていた。結末をバラすなんてありえない。けっこう楽しみにしていたんだぞ。

藤間はすずしい顔で長い髪《かみ》の毛をいじっている。

「ていうかさぁ、ドラマの話なんかしにきたわけじゃないっしょ？　いいたいことがあるならさっさといえばいいじゃん、きいてあげるっていってんだから」

あーらら、こりゃだめだ。

(1)ぼくはやっと納得《なっとく》した。バレンタインにリアルからフラれた女子はたくさんいるはずなのに、なんで藤間だけが学校を休んでいるんだろうって、ずっと思ってたんだよね。

それはきっとプライドが高いからだ。しかも、自分を中心に世界がまわっていると思いこんでいる。まさか自分がフラれたなんて、認めたくないんだろうな。

とつぜんのネタバレ攻撃にダメージを受けたサジは、いじわるされた子犬みたいに悲しそうな顔で、ぼくになにかをうったえかけてくる。サジの目が、「 A 」っていっている。

きっとサジは、失恋《しつれん》で傷ついたかよわい女の子を想像していたんだろうな。ぼくはため息をついて、しかたなくかわりに口を開いた。

「あのさ、合唱祭の伴奏、ぼくはかわりにやってるだけだから、早くもどってきてほしいんだけど。ほかにだれもいないらしいよ、ピアノひけるやつ」

「うそだ。ミサトもきょんたんもひけるもん。いやならふたりにやってもらえばぁ?」

「ええっ、そうなの?」

「ま、うちのほうがうまいけどね」

ミサトっていうのは、竹下のことか。きょんたんってだれだ?

ぼくがクラスメイトの顔を思いうかべていると、なんとか持ち直したらしいサジがいった。

「だからだよ、きっと。きみのかわりにひきたくないんだ、その子たち。きみとくらべられるから」

サジはやっぱりけっこうするどい。きっとそうだ。たとえばリアルのかわりになにかをやるってのは、ぼくだってなんとなくいやだもんね。

(2)藤間はすねたみたいに横をむいてしまった。そして、横をむいたままいった。

「指揮者は?」

「え?」

「だから、うちのクラスの指揮者はだれかってきいてんの! 五年は指揮も生徒がやるんでしょ?」

ぼくとサジは顔を見あわせた。それを見て、藤間はため息をついている。

「やっぱ、リアルなんだ。そうだと思った。だからいやなの、気まずいの! あんたたちもどうせ知ってるんでしょ?」

ああ、そういうことか。まずい、そこまで考えてなかった。

たしかにリアルって、いかにも指揮者をやりそうなタイプだよな。

指揮者と伴奏者は、やっぱりいっしょに練習する必要がある。ぼくとリアルも、音楽の授業のあとはいつも居残りだ。

なんていっていいかわからなくなって、ぼくは完全に身をひいたけど、サジは逆に身を乗り出した。

「でも、ずっと休んでいるわけにもいかないじゃない。藤間さん、ちょっとぜいたくだよ。そのくらいで登校拒否するなんて」

おお？　なんつーこというんだ、こいつ。

ぼくはぎょっとした。おまえ、気が弱いのか、強いのか、どっちだよ。

「［B］」

「だって、ここははっきりいわないと」

「はっきりいいすぎだろ」

おそるおそる藤間の顔を見ると、予想どおり鬼《おに》みたいな顔をしていた。

「そのくらいでってなに？　無神経！」

なぁ？　ぼくもそう思う。

でも、サジはかまわず話しはじめた。

「だって、秋山くんはきみのこと心配してる。秋山くんが飛鳥井くんを伴奏者に推薦《すいせん》したの、なんでかわかる？　先生の伴奏になったら、藤間さんが責任感じちゃうんじゃないかって、そういってたんだって。それって、すごくやさしいじゃない」

サジはそこで深呼吸するみたいに大きく息をすって、そしてこう続けた。それは、ぼくも知らない話だった。

「ぼくもね、前の学校で好きな子がいたんだよ。好きっていいたかったけど、どうしてもいえなかった。いってフラれちゃうのも悲しいかもしれないけど、いえないのもけっこう苦しいんだよ」

藤間はその話に興味をひかれたみたいだった。

「なんでいわなかったの？　苦しいならコクればよかったじゃん」

「だってぼく、その子からきらわれてたから。ぼくのこと、キモいとかキショいとか、いろいろいってたし」

なんでそんなやつ好きになったんだよ。ぼくはちょっとあきれてしまう。

サジにそんなことをいうなんて、よっぽどの変わり者だ。だってふつうの女子なら、サジから好かれてわるい気がするはずない。なんたって、べつのクラスの女子がわざわざ見にくるくらいの、いわゆる「美少年」なんだから。だいたい、サジがキモかったら、ぼくはどうなるっていうんだ。

(3)ぼくの頭の中にぼんやりとある考えがうかんだのは、このときだった。

「ふつうの女子なら」って考えたとき、なにかがひっかかったんだよね。なにか気がつかなきゃいけないことがあるような気がして、そしてそれはとても大切なことのような気がして、落ちつかない気分になった。

でも、それを深く考える前に、サジが藤間の説得にかかった。

「だからね、藤間さんはぜいたくなんだよ。秋山くんはきみのこと、特別には好きじゃなかったかもしれないけど、クラスメイトとしてはふつうに好きなんだからさ。早くもどっておいでよ。秋山くんだけじゃなくて、甲斐《かい》先生も、ほかのみんなもよろこぶよ」

サジがぼくのことをちらっと見た。なにかいえって？　わかったよ。

「あのさ、ぼくはべつに、伴奏がどうしてもいやってわけでもなくなってきたんだよね」

「え、そうなの？」

藤間よりサジのほうがおどろいている。うん、じつはそうなんだよ。

「だけど、やっぱり藤間のほうがずっとうまいんだと思うし、できればかわってもらいたいんだ。きみが休んでること、リアルはすごく気にしてて、どうしたらいいか、いろいろ考えてるよ。先生にたのんで自分のクラスを変えてもらうなんていってたし。あ、それはぼくが止めたけど。とにかくさ、リアルって、そういうやつじゃん？」

だから好きになったんだよな。
(4)藤間の大きな目から、涙のつぶがぽろりと落ちた。
ぼくはぎょっとする。リアルが泣かせたんだぞ。ぼくのせいじゃないからな。
サジがすかさずハンカチを差し出した。なぜかハート柄のハンカチだった。サジの趣味《しゅみ》って、よくわからない。
「このシチュでハートって。嫌味《いやみ》？」
藤間は文句をいいながら、でもハンカチを受けとった。
それからしばらくして、藤間は教室にもどってきた。ドラマの撮影がやっと終わったからっていっていた。クラスのだれもそれを信じていなかったけど、みんな信じたふりをした。それを見て、けっこういいクラスかもしれないなぁなんて、ぼくはこっそり思った。
「飛鳥井は伴奏をかわりたいらしいけど、どうする？」
甲斐先生が藤間とぼくをろうかによびだして、藤間にそうきいた。
よかった、これで交代できる。うん、これでいいんだ。はじめからそのつもりだったんだから。
藤間はぼくのことを見もしないで、先生にいった。
「もうみんな飛鳥井くんの伴奏になれていると思います。とくに指揮者と伴奏者の相性って大事だし」
「つまり？」
「［C］」
「えっ」
ぼくがおどろいて藤間を見ると、教室の窓が、急にがらりと開いた。
「おれも賛成！　だってアスカより藤間のほうがさ、だんぜん歌うまいぜ？」
リアルだ。こいつはこういうタイミングをのがさない。

藤間が笑った。甲斐先生も笑ってる。

いっとくけど、ぼくはちっとも笑えないぞ。そう思っているはずなのに、ぼくもいつのまにかいっしょになって笑っていた。

「うちより飛鳥井のが意外性あるし、きっと得点ものびるよ」

「だよな！　アスカってすげぇんだよ」

「飛鳥井はそれでいい？」

甲斐先生の言葉に、ぼくはうなずく。今度はいやいやじゃなくて、ほんとうにやりたかったから。

席にもどると、リアルがふりかえってぼくにいった。

「ありがとな」

伴奏をひきうけてくれて、ありがとう。そういう意味なんだと思う。

(5)だけどその言葉は、たぶんぼくにはふさわしくない。

そう思ったから、ぼくはリアルにバレないように、後ろの席のサジにその言葉をゆずった。

（戸森しるこ『ぼくたちのリアル』より）

問一　[A]～[C]に当てはまる表現を次の中からそれぞれ選び、記号で答えなさい。

ア　この子、こわい　　**イ**　ステキだよ、サジ　　**ウ**　やっぱり変えてください　　**エ**　ばか、サジ

オ　このままがいいです　　**カ**　めちゃくちゃかわいい

問二　――⑴「ぼくはやっと納得した」について、「ぼく」は藤間が学校を休んでいた理由をどのように理解しましたか。それを説明した次の文の［　］に入る表現を三十字以内で答えなさい。

藤間が学校を休んでいたのは［　　　　］と理解した。

問三　――⑵「藤間はすねたみたいに横をむいてしまった」について、なぜ横を向いてしまったのですか。その理由を説明した次の文の［　］に入る表現を本文中から指定の字数で抜き出して答えなさい。

> フラレたリアルが［A（三字）］を務める［B（六字）］をすることは［C（七字）］藤間にとって苦痛だったから。

問四　――⑶「ぼくの頭の中にぼんやりとある考えがうかんだのは、このときだった」について、どんな考えがうかびましたか。次の中から最もふさわしいものを一つ選び、記号で答えなさい。

ア　サジはふつうの女の子から見たら、美少年ではないんじゃないかな。
イ　ふつうの女子が、キモいとかキショいとか言うのってどういうことだろう。
ウ　サジは、本当は女子から好きって言ってほしかったんじゃないかな。
エ　ふつうの女子は、サジが美少年だから、言いづらかったんじゃないかな。
オ　サジが好きになった人は、やっぱりよっぽどの変わり者だったんだろうな。

問五 ――⑷「藤間の大きな目から、涙のつぶがぽろりと落ちた」について、なぜ藤間は泣いたのですか。その理由の説明として最もふさわしいものを次の中から一つ選び、記号で答えなさい。

ア リアルが、すごく気にしてて、考えてるって言っていると聞いたから。
イ 渡にできれば変わってもらいたいんだと言われたから。
ウ もどってくるように言われたけど、できないと思ったから。
エ リアルが、クラスメイトとしてふつうに好きなんだって言っていると聞いたから。
オ リアルをなぜ好きになったか、二人の話で気づいたから。

問六 ――⑸「だけどその言葉は、たぶんぼくにはふさわしくない」について、なぜ「ふさわしくない」と思ったのですか。その理由を答えなさい。

三

次の――部のカタカナを漢字に改め、漢字の読み方をひらがなで答えなさい。

① 砂鉄をジシャクで集める。
② アンイな方法。
③ ネジをマく。
④ げきの前売りケン。
⑤ 役所にツトめる。
⑥ 民衆の声を聞く。
⑦ 対象から除外する。
⑧ 列島を縦断する。
⑨ 屋根から雨が垂れる。
⑩ 不足を補う。

2024（令和６）年度

東北学院中学校入学試験問題
＜前期３教科型＞

算　　数

2024（令和６）年１月５日（金）

10：05 ～ 10：55（50分間）

注意事項《じこう》

1．受験番号・氏名を解答用紙にはっきり記入してください。

2．答えは、すべて解答用紙に記入してください。

3．計算は問題冊子の余白を利用しても構いません。

4．解答用紙だけを提出してください。

第一問　次の**1**～**10**の計算をしなさい。

1　$512 - 374$

2　$31 - 18 + 3$

3　$1\frac{2}{9} + \frac{5}{9}$

4　$\frac{3}{7} + \frac{1}{5}$

5　$0.7 - \frac{2}{3}$

6 3.2×4.6

7 $3.5 \div 0.14$

8 $(38 - 2 \times 8) \times \frac{1}{11} + 10$

9 $\frac{4}{15} \div \frac{6}{5} \times \frac{3}{4}$

10 $\left(\frac{3}{8} - 0.256\right) \times \frac{4}{7}$

第二問　次の**1**～**6**の問いに答えなさい。

1　次の速さのうち，いちばん速いのはどれですか。**ア**～**ウ**から選び，記号で答えなさい。

ア　時速6km　　**イ**　分速90m　　**ウ**　秒速160cm

2　けんたさんは算数のテストを５回受け，５回の平均点は84点でした。１回目の点数は92点，２回目の点数は77点，３回目の点数は82点でした。また，５回目の点数は４回目の点数より９点高かったです。4回目の点数は何点でしたか。

3　秒速25ｍで走っている列車があります。この列車の最前部がトンネルに入り，最後部がトンネルから出るのに50秒かかります。この列車は１両あたり20ｍの６両編成の列車です。このトンネルは何ｍありますか。ただし，この列車の連結部分は考えないものとします。

4　濃度14％の食塩水150ｇを濃度７％の食塩水にするには，何ｇの水を加えればよいですか。

5　４人が横に１列に並《なら》んで写真をとります。並び方は全部で何通りありますか。

6　下の**グラフ**は，６年１組の児童の身長の記録を表したものです。150cm 以上 155cm 未満の身長の児童の人数は，６年１組の児童全体の何%になりますか。

ただし，下のグラフで 135cm 以上 140cm 未満の身長の児童は２人です。

グラフ　６年１組の児童の身長の記録

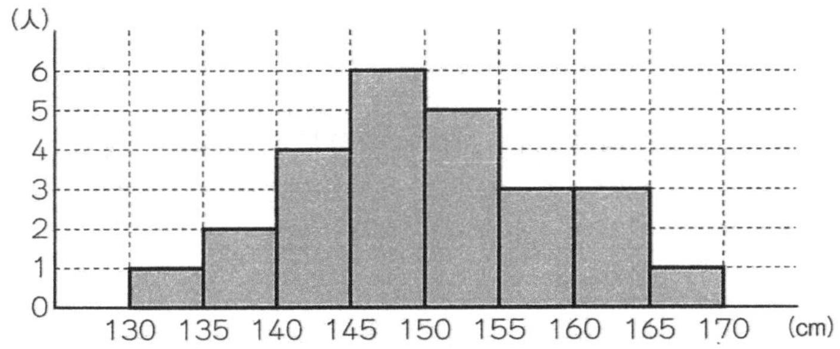

第三問 次の**1**～**3**の問いに答えなさい。

1 下の図のように長方形を1回だけ折りました。㋐の角の大きさは何度ですか。

図

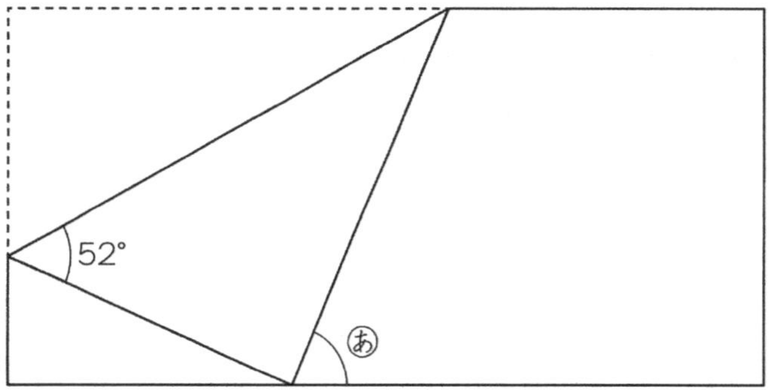

2 下の図は，底面が直角三角形である三角柱の展開図です。この三角柱の体積は何 cm^3 ですか。

図

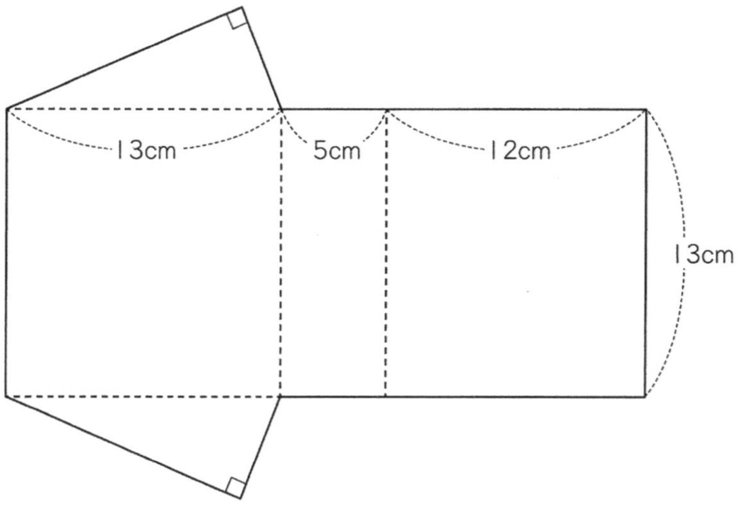

3　下の図のように，長方形に中心角が90°のおうぎ形を３つかきました。あとの(1)，(2)の問いに答えなさい。ただし，円周率は３.１４とします。

図

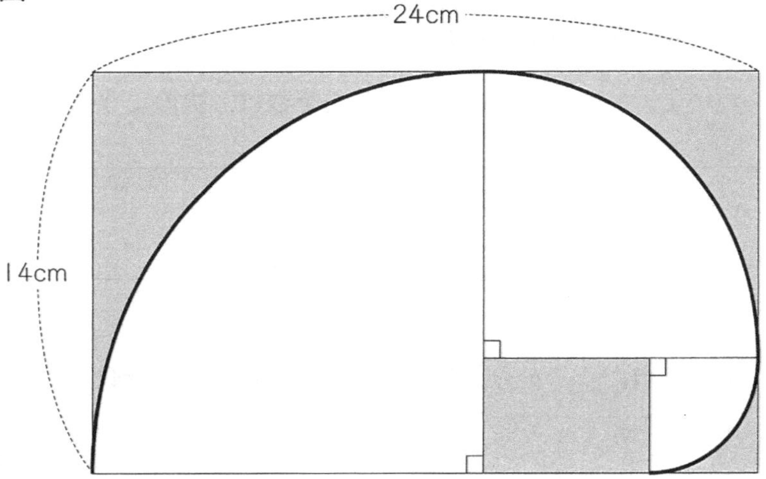

(1)　太線の長さは何 cm ですか。

(2)　色をぬった部分の面積は何 cm^2 ですか。

第四問　ともこさんとたつやさんは，数の規則性について色々調べていました。以下はそのときの２人の会話です。これを読んで，あとの **1**，**2** の問いに答えなさい。

たつやさん：１から小さい順に奇数を並べてみない？

ともこさん：いいよ。１から小さい順に並べた奇数は，次のようになるね。

１から小さい順に並べた奇数 1，3，5，7，9，11，13，15，17，19，21，…

たつやさん：そうだね。ここから，１から小さい順に並べた奇数について色々調べてみよう。

ともこさん：うん。一の位を見ると，１，３，５，７，９のくり返しになっているね。

たつやさん：確かに。
51 ＋ 53 ＋ 55 ＋ 57 ＋ 59
を工夫して求めることができるかもよ。

ともこさん：どういうふうに考えればいい？

たつやさん：１＋３＋５＋７＋９
を計算すると 25 になるね。次のように工夫して考えると…

51 ＋ 53 ＋ 55 ＋ 57 ＋ 59 ＝（50 ＋ 1）＋（50 ＋ 3）＋（50 ＋ 5）＋（50 ＋ 7）＋（50 ＋ 9） ＝ 50 ×［ア］＋（1＋3＋5＋7＋9）

となるね。

ともこさん：なるほどね！
51 ＋ 53 ＋ 55 ＋ 57 ＋ 59
を計算すると［イ］だね。

たつやさん：正解だよ。同じように
441 ＋ 443 ＋ 445 ＋ 447 ＋ 449
を計算すると［ウ］となるね。

（次ページに続く）

ともこさん：工夫して計算するのって楽しいね！次は，31 が 1 から小さい順に並べた奇数の何番目になるかを工夫して数えられないかな。

たつやさん：数えてみると…31 は 16 番目だね。

ともこさん：一の位のくり返しの考え方を利用したいな。一の位が 1，3，5，7，9 の 5 個の奇数をひとまとめにして，名前をつけるとわかりやすいかな。

第 1 グループ	1，3，5，7，9
第 2 グループ	11，13，15，17，19
第 3 グループ	21，23，25，27，29
第 4 グループ	31，33，35，37，39

31 は第 4 グループの 1 個目だから　$3\times5+1$ と考えて 16 番目

たつやさん：わかりやすいね！ 31 は第 3 グループまでの奇数の個数に 1 を足せばいいんだね。ともこさんの考え方を利用すれば，順番に数えるのが大変な場合も何番目か求められそう。次は 443 について考えてみようよ。

ともこさん：いいよ。第 2 グループは十の位が 1 の 5 個の奇数，第 3 グループは十の位が 2 の 5 個の奇数だから，まちがえないように注意して考えよう。

たつやさん：ありがとう。そうすると，443は第 [エ] グループの [オ] 個目だね。

ともこさん：ということは，443 は 1 から小さい順に並べた奇数の [カ] 番目と求められたね。

たつやさん：第 1 グループから第 50 グループまでの 250 個の奇数をすべて足すといくつになるか，考えてみようよ。

（次ページに続く）

ともこさん：工夫して計算したいね。第１グループの５個の奇数をすべて足すと25，第２グループの５個の奇数をすべて足すと75，第３グループの５個の奇数をすべて足すと125だから，和は50ずつ増えているね。

たつやさん：じゃあ工夫して計算するには，

（第２グループの５個の奇数の和）は （第１グループの５個の奇数の和）に50を１回足せばよい （第３グループの５個の奇数の和）は （第２グループの５個の奇数の和）に50を１回足せばよい つまり （第３グループの５個の奇数の和）は （第１グループの５個の奇数の和）に50を２回足せばよい

と考えればいいね。

ともこさん：同じように工夫すれば第50グループの５個の奇数の和は第１グループの５個の奇数の和に50を［キ］回足せばいいね。

たつやさん：第１グループの５個の奇数の和から第50グループの５個の奇数の和までをすべて足した結果が，第１グループから第50グループまでの250個の奇数の和と等しくなるね。

ともこさん：第１グループの５個の奇数の和は25だから，25は［ク］回足すことになるね。

たつやさん：50は（１＋２＋３＋…＋［ケ］）回足すことになるのか。これは大変だ。

ともこさん：この前，先生が

$1+2+3+\cdots+48+49+50=1275$

と教えてくれたよ。これをうまく使おうよ。

たつやさん：よし，計算しよう。

（次ページに続く）

1　[ア]～[ケ]にあてはまる数を答えなさい。

2　２人の会話文を読んで，第１グループから第50グループまでの250個の奇数の和を求めなさい。

2024（令和６）年度

東北学院中学校入学試験問題
＜前期＞

英語リスニング

2024（令和６）年１月５日（金）

11：10 ～ 11：20（10分間）

注意事項《じこう》

１．受験番号・氏名を解答用紙にはっきり記入してください。

２．答えは、すべて解答用紙に記入してください。

３．解答用紙だけを提出してください。

※教英出版注
音声は，解答集の書籍ＩＤ番号を教英出版ウェブサイトで入力して聴くことができます。

第１問

※放送原稿非公表

これから英語の質問が放送されます。その質問に対する返答として最も適切なものを、それぞれＡ～Ｃの中から１つ選び、記号で答えなさい。質問と返答はそれぞれ２回放送されます。

No.1　A　On Thursday.
　　　B　At six thirty.
　　　C　At the table.

No.2　A　Yes. I'm not happy now.
　　　B　Yes. I am sad now.
　　　C　No. I am sad now.

No.3　A　Yes, I do. I enjoy it at home.
　　　B　Yes, I do. I have three cats at home.
　　　C　No, I don't. I have lunch at home.

No.4　A　It's on Monday.
　　　B　It's in August.
　　　C　It's under the table.

問一
A
B
C

問二
藤間が学校を休んでいたのは
と理解した。

問三
A
B
C

問四

問五

問六

①
ジシャク

②
アンイ

③
マ　く

④
前売り　ケン

⑤
ツト　める

⑥
民衆

⑦
除外

⑧
縦断

⑨
垂　れる

⑩
補　う

受験番号
1

氏　名

得　点

※100点満点
（配点非公表）

第三問

1		[度]
2		[cm³]
3	(1)	[cm]
	(2)	[cm²]

第四問

1	ア	イ
	ウ	エ
	オ	カ
	キ	ク
	ケ	
2		

受験番号	1				氏　　名	

得　　点

※100 点満点
（配点非公表）

第２問

No. 1	

No. 2	

No. 3	

受験番号					氏　名	

得　点
※20 点満点 （配点非公表）

2024（令和6）年度　東北学院中学校入学試験＜前期＞　英語リスニング　解答用紙

第１問

No. 1	
No. 2	
No. 3	
No. 4	

【解答

2024(令和6)年度　東北学院中学校入学試験<前期3教科型>　　算　数　　解答用紙

第一問

1	
2	
3	
4	
5	
6	
7	
8	
9	

第二問

1	
2	[点]
3	[m]
4	[g]
5	[通り]
6	[%]

二〇二四（令和六）年度　東北学院中学校入学試験〈前期３教科型〉　国語　解答用紙

一

問一　A　　B

問二
関西人は、　　と信じている。
東北人は、　　と考えている。

問三

問四

問五　A　　B　　C

問六

【解答

第２問

これから話す英語を聞いて、話した内容にあうことを述べているものを、それぞれＡ～Ｃの中から１つ選び、記号で答えなさい。英語は２回放送されます。

No. 1　A　Mariko is a cat.
　　　B　Mariko is not cute.
　　　C　Sora is Masato's dog.

No. 2　A　I eat sandwiches every day.
　　　B　I like salad.
　　　C　I eat curry on Thursday.

No. 3　A　I listen to music every day.
　　　B　I'm not good at playing the piano.
　　　C　I can play the guitar well.

二〇二三（令和五）年度

東北学院中学校入学試験問題

〈前期3教科型〉

国　語

二〇二三（令和五）年一月五日（木）

九時～九時五〇分（五〇分間）

注意事《じ》項《こう》

一、受験番号・氏名を解答用紙にはっきり記入してください。

二、答えは、すべて解答用紙に記入してください。

三、解答用紙だけを提出してください。

一

次の文章は、人が物を食べる時の心理について書かれたものです。次ページの図も参考にしながら本文を読み、後の問いに答えなさい。なお、設問の都合により、本文に一部変更《へんこう》を加えたところがあります。

スープ皿の底に普通《ふつう》は穴は開いていませんし、そこにチューブは付いていません。ましてチューブから少しずつスープが補充《ほじゅう》される皿からスープを飲んだことがある人は誰《だれ》もいません。奇妙《きみょう》なことを考える科学者の実験に参加した人以外は。(1)何のためにこんな妙な実験をすると思いますか？

私たちはなぜ食べるのでしょう。「必要な栄養を得るため」と多くの人が答えます。では、いつ食べだして、いつ食べやむでしょう。「お腹がへったら（つまり栄養が不足したら）食べだして、お腹がいっぱいになったら（栄養が十分になったら）食べやむ」と多くの人が答えます。(2)あたりまえですよね。

ここで問題です。

【問】お菓子《かし》を大きな容器から食べる場合と普通の大きさの容器から食べる場合では、どちらが多く食べるでしょう？　入っているお菓子の量は同じです。

A　大きな容器から食べる方が多く食べる

B　普通の容器から食べる方が多く食べる

C　どちらの容器からでも同じくらいの量を食べる

穴とチューブの皿で実験をしたのはワンシンクというアメリカの研究者です。彼《かれ》らは底なし皿と呼んでいます。この実験に参加したのは大学生です。といっても実験室で昼食のトマトスープを飲むだけです。はじめに多めの量（五一〇グラム）がスープ皿に入っていて、各自がちょうどよいと感じる量を飲みました。実験に参加した学生の半数は普通の皿から飲みました。つまり穴も開いていませんしチューブも付いていません。残り半数は底なし皿から飲みました。飲んでいる人に気づかれないように少

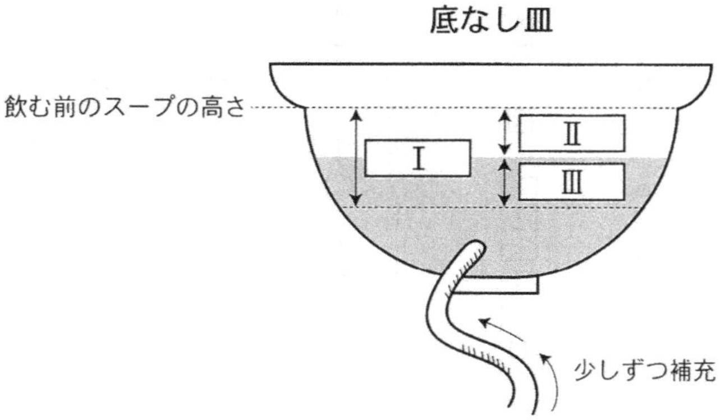

図

しずつスープを補充しました。この仕掛《しか》けで「実際に飲んだ量」と「飲んだように見える量」にずれを作ったのです。（図）

普通の皿からスープを飲むと、飲んだ分だけスープの高さが減っていくのが目に見えます。底なし皿ではどうでしょう。飲んだ分だけは減りません。補充される分、スープの高さは減りにくいからです。仮に普通の皿から飲む条件と同じ量を飲んだならば、「飲んだように見える量」は少なくなります。

底なし皿を使うとスープを飲む量はどうなると思いますか？　二つの考え方から予測を考えてみましょう。一つ目の考え方を「栄養補充説」とします。「私たちは栄養が十分になったときに食べやむ」とする常識的な考えです。普通の皿から飲んだ人たちと底なし皿から飲んだ人たちは、実験に参加したときにお腹の減り方に差はありませんでした。ですから栄養が十分になるまでに飲むスープの量も同じと考えられます。

もう一つの考え方を「見え方説」とします。「私たちは十分な量を食べたように『見えた』ときに食べやむ」という考えです。(3)常識とは異なる考えです。普通の皿条件では平均して二五〇グラムのスープを飲むとしましょう。底なし皿から同じ量を飲んでも補充される分だけ「飲んだように見える量」は少なくなります。逆に言えば、より多くを飲まないと「飲んだように見える量」は同じになりません。同じ量を「飲んだように見える」ところで飲むのをやめるという説ですから、「見え方説」が正しければ底なし皿条件の方が多く飲むはずです。

このように二つの説の予測が異なることが研究では重要なのです。予測が異なる実験場面を考えることができれば、実際にデータを取ってどちらの予測に一致《いっち》するかを確かめればよいわけです。(4)実験の結果、普通の皿条件での摂取《せっしゅ》量は平均して約二四〇グラムでした。一方、底なし皿条件ではずっと多くて約四二〇グラムでした。この結果は「見え方説」の X 。明らかに「栄養補充説」の Y 。つまり、私たちの食行動は「十分な量の栄養が体内に実際に入ったかどうか」ではなく「十分な量が体内に入ったように『見えたか』どうか」によってコントロールされているのです。ワンシンクは食べる量を決める際に「わたしたちは胃袋《いぶくろ》ではなくて［Z］を信じる」と言っています。

（青山謙二郎「食行動の心理学」『ようこそ、心理学部へ』所収　ちくまプリマー新書）

問一　――(1)「何のためにこんな妙な実験をすると思いますか？」について、「こんな妙な実験」とはどのような実験のことですか。その説明として最もふさわしいものを次の中から一つ選び、記号で答えなさい。

ア　チューブからスープを直接飲む実験
イ　穴の開いた皿からスープを飲む実験
ウ　スープが補充される皿からスープを飲む実験
エ　スープ皿とお椀《わん》からスープを飲む実験

問二　――(2)「あたりまえ」について、筆者が「あたりまえ」と言う考え方は、ここでは何と呼ばれていますか。本文中から五字で抜き出して答えなさい。

問三　図の［Ⅰ］～［Ⅲ］に当てはまる表現を次の中からそれぞれ選び、記号で答えなさい。

ア　飲んだように見える量　**イ**　スープ全体の量　**ウ**　補充された量　**エ**　実際に飲んだ量

問四　――(3)「常識とは異なる考えです」について、どのような考え方のことですか。句読点もふくめ、二十五字～三十五字以内で書きなさい。

問五　――(4)「実験の結果」について、飲んだ量を次の表にまとめました。A・Bに当てはまる語句をそれぞれ書きなさい。

	普通の皿	底なし皿
飲んだ量	A	B

問六　X・Yに当てはまる表現を次の中からそれぞれ選び、記号で答えなさい。

ア　予測とは一致しません　　**イ**　予測に合います

問七　Zに当てはまる語を次の中から選び、記号で答えなさい。

ア　舌　　**イ**　耳　　**ウ**　手　　**エ**　目

問八　本文の内容から考えると、本文中【問】の答えはA・B・Cのどれになると考えられますか。また、その理由を本文中の表現を用いながら、句読点もふくめ三十五字～四十字以内で書きなさい。ただし、「によってコントロールされているから。」という表現につながるように書くこと。

二　次の文章を読んで、後の問いに答えなさい。設問の都合により、一部変更を加えたところがあります。

> 十三歳《さい》の少年「ぼく」は、高齢の詩人「村田さん」と知り合った。「村田さん」はある時、「ぼく」を自宅に招待する。

そこには、画用紙サイズの紙が五枚、画鋲《がびょう》でとめてあった。ずいぶん長い間ベッド脇《わき》に貼《は》られているらしく、紙は五枚とも薄《うす》茶色《ちゃいろ》に変色していた。ぼくは左端《ひだりはし》の紙を指さした。

「あれは、何ですか？」

「おっ、訊問《じんもん》再開かい」

(1)村田さんはうれしそうにゆっくり上半身をねじり、後ろの壁《かべ》に横一列に並んでいる紙を見て、「ああこれか」とつまらなさそうにつぶやいた。

「こいつらは、詩になる前の、おれの A たちだ」

「…… A 」

「そう、言葉にならないおれの感情だ」

ぜんぜん意味がわからない。だけど興味だけはさらに強くなり、ぼくはじっくりとそれぞれの紙を見なおした。よく見ると、五枚の紙にはいろんな物が貼りつけてあった。

左端の紙には、水色やオレンジ色の模様がついた透明《とうめい》なビー玉が三個。次の紙には何か動物のひげらしい毛が数十本、ビニールテープで列を組んで貼られている。しかも、三列。中央の紙にはインスタントカメラで撮《と》られた村田さんの顔写真が上段三枚、下段二枚に分かれて飾《かざ》られ、その次の紙には乾《かわ》ききった葉っぱが一枚だけあった。そして右端の紙には、数字が書きこまれた薄緑色の領収書が貼られ、その領収書をおおうように白っぽい粉がまかれていた。

ますます意味がわからなくなった。

どうしてビー玉が紙にとめられているのか。強力な接着剤《せっちゃくざい》を使っているのは想像できたけど、どうしてそんなことをするのか、わからない。どうして動物のひげを並べているのか、……わからない。

「こんなもの、少年には面白くねえだろ」

村田さんは笑みをうかべていた。おだやかな笑顔だった。ぼくは返事をせずに五枚の紙をもう一度時間をかけてながめ、この思いをどう言えばいいのか考えていた。

プロ野球の試合や好きなアニメを観ているときの面白さとは違《ちが》うけど、面白くないわけではなかった。でも、楽しい感じもしない。それなのに、なぜかひきつけられてしまう。ビー玉も、動物（おそらくは猫《ねこ》）のひげも、インスタント写真も、葉っぱも、領収書も見たことがあるのに、どれも初めて目にしたような気がする。でも、うきうきはしない。だけど、……やっぱり気にかかる。

考えが、まとまらない。うまく言葉で整理できないから、村田さんに質問したいとは思っても、どうたずねればいいのかわからない。

ぼくはため息をもらした。

「どうした？　老けこむには早いぜ」

村田さんがぼくの肩《かた》を軽くたたいた。ぼくは口をつぐんだまま真ん中の紙をにらんだ。

写真の中の村田さんは、今よりも若かった。特に左上の村田さんは髪《かみ》の量が多く、眉毛《まゆげ》は黒々として太く、**B** 光も鋭《するど》かった。なんだか、顔全体から近寄りがたい雰囲気《ふんいき》がただよっていた。だけど、下段の二枚目の写真になると、村田さんの顔はゆるみ、髪も薄くなっている。今目の前にしている村田さんに近い顔だった。そこでふっと疑問がわいてきた。(2)どうして六枚目の写真がないのか。上段には三枚写真があるのに、どうして下段には二枚しかないのか。

ぼくは勢いよく空白部分を指さし、村田さんにたずねた。

「どうして、どうしてあそこだけ写真が貼ってないんですか？」

「どれ」村田さんはつらそうに首をまわして後ろを見た。「ああ、あれか」
「なんだかバランスが悪いなあと思って」
「バランスも何も、撮るやつがいなくなったからな」
ぼくは指をおろした。村田さんは首をもどした。
「どういうことですか?」
「あれは、おれより二まわり、つまり二十四歳も若いカメラマンが、毎年一枚ずつ、おれの誕生日に撮影《さつえい》してくれてたものなんだ。なかなかの売れっ子で忙《いそが》しいくせに、誕生日になるとかならずここにやって来て、いっしょに酒を飲んでばかな話をして、その合間にさっと撮りやがる。本人も酔《よ》ってるから、ピントはいつもぶれてんだけど、なかなかいい写真撮るんだよ。村田さんが死ぬまでつづけるとか言ってたけど、六枚目を撮る前に、本人が脳卒中で死にやがった。だから、六枚目は、ずっと空白だ」
話をおえた村田さんはうれしそうに笑った。(3)ぼくは笑わなかった。笑えなかった。
「空白ってのは、不思議なものでな」
村田さんが二本目の煙草《たばこ》に火をつけた。
「あいつが生きていたらと思う気持ちとは別に、六枚目の写真が撮られなかったことで、ちょっとだけ永遠に近づけたような気になって、ぼんやりとうれしくなる」
「永遠、ですか」
ぼくはベッドにそって体育座りになり、うまそうに二本目の煙草を吸う村田さんの横顔を見あげた。
「永遠なんて、わかんねえよな」
「……ずっと、どこまでもずっと、という意味ですよね」
「ああ、そうだ。時間を超越《ちょうえつ》して無限につづくことだ。だけど、そんなもの、誰も味わったことがないんだ」村田さんは二口しか吸っていない煙草を消し、軽く咳《せき》こんだ。「少年は永遠を知っているかい?」

村田さんがぼくの顔をのぞきこんだ。ぼくは、照れながら首を横にふってみせた。
「おれも、この歳《とし》になっても、わかんねえ。だから、ここで横になってつらつらとこの紙をながめては、永遠を探しているうちに眠《ねむ》りこけるってわけだ」
ぼくは黙《だま》ったまま空白部分を見つめた。枯《かれ》葉《は》色《いろ》になった紙面に集中するうちに周囲の写真がぼやけはじめ、何も貼られていない空間に、なぜかカメラのレンズがうきあがって見えた、気がした。
「少年、目が寄ってるぜ」
村田さんは目をほそめてぼくの頭をなでた。ぼくは首をすぼめてうつむいた。
「[A]した思いが言葉にならないってのは、嫌《いや》なもんだ」
ぼくはうつむいたままうなずいた。
「少年、寂《さび》しいと悲しいは、どう違う?」
「ええと」ぼくは顔をあげた。「寂しいは、……独りぼっちで、悲しいは、……ええと、泣きたくなる気持ち」
「そうか」
「でも、ほんとうはよくわかんない」
「そうか」村田さんは小さくうなずいた。

（長薗安浩『あたらしい図鑑』）

問一 ――(1)「村田さんはうれしそうにゆっくり上半身をねじり、後ろの壁に横一列に並んでいる紙を見て、『ああこれか』とつまらなさそうにつぶやいた」について、ここでの「村田さん」の気持ちの変化を説明するには、次のどの言葉を用いればよいですか。次の中から二つ選び、変化の順番に記号で答えなさい。

ア 感動　**イ** 失望　**ウ** 怒《いか》り　**エ** 心配　**オ** 期待

問二 [A]にふさわしい語を次の中から選び、記号で答えなさい。

ア きらきら　**イ** つやつや　**ウ** ばちばち　**エ** もやもや　**オ** きびきび

問三 [B]には身体の一部を表す漢字一字が入り、表情が厳しい様子を表す慣用句を作ります。ふさわしい漢字一字を、考えて書きなさい。

問四 ――(2)「どうして六枚目の写真がないのか」について、

1 この理由に当たる一文を文中から探し、最初と最後の五字を書きぬきなさい。句読点も字数にふくめるものとします。

2 1の内容について、「村田さん」はどのような思いを持っていますか。文中の言葉を用いながら、二点書きなさい。

問五 ――(3)「ぼくは笑わなかった。笑えなかった」について、「ぼく」はなぜこのような様子になったと考えられますか。簡単に説明しなさい。

問六　以下は、「村田さん」と「ぼく」の関係について生徒たちが話し合ったときの記録です。本文を正しく理解していると思われる生徒を一人選び、記号で答えなさい。

A　「村田さん」はものわかりの悪い「ぼく」にいらいらしているね。煙草を二本も吸っているのがその証拠《しょうこ》だよ。

B　そうかなあ。まだ子供だから自分のように永遠を理解できなくても仕方ない、とおおらかな気持ちで見守っているよ。

C　いや、永遠についてわからないのは、二人とも同じでしょ。それ以上に、二人の間には何らかの通じ合いがあるのでは？

D　亡くなったカメラマンへの思いを共有しているんじゃない？　同じ悲しみを深く共有しているよ。

三

①～⑤の――部のカタカナを漢字に直し、⑥～⑩の――部の漢字の読みをひらがなで書きなさい。

①　ショクギョウをたずねる。

②　周囲の信頼《しんらい》がアツい。

③　散歩にテキした季節。

④　ホケン室で休む。

⑤　家と学校のオウフク。

⑥　易しい問題。

⑦　城を築く。

⑧　価格を調べる。

⑨　災害に備える。

⑩　早起きが習慣になる。

2023（令和５）年度

東北学院中学校入学試験問題
＜前期３教科型＞

算　　数

2023（令和５）年1月5日（木）

10：05 ～ 10：55（50分間）

注意事項《じこう》

1．受験番号・氏名を解答用紙にはっきり記入してください。

2．答えは，すべて解答用紙に記入してください。

3．計算は問題冊子の余白を利用しても構いません。

4．解答用紙だけを提出してください。

第一問　次の **1** ～ **10** の計算をしなさい。

1　$643 - 267$

2　$26 - 15 + 9$

3　$2\frac{1}{3} + \frac{2}{3}$

4　$\frac{2}{5} + \frac{4}{7}$

5　$\frac{1}{3} - 0.3$

6　2.7×3.3

7　$4.2 \div 0.21$

8　$3 \times 7 + (21 - 14 \div 7)$

9　$\frac{5}{18} \div 3.6 \times 5.4$

10　$\left(\frac{1}{2} + 3.5\right) \div 0.25$

第二問　次の**1**～**6**の問いに答えなさい。

1　次のように，ある規則にしたがって数が並んでいます。最初から数えて18番目の数は何ですか。

3，7，11，15，19，…

2　片道3.6kmの道のりを往復したところ，往復の平均の速さは分速80mでした。行きは分速120mで進んだとすると，帰りは分速何mで進みましたか。

3　あるスーパーでは1個120円のお菓子《かし》を3個まとめて買うと，合計金額から100円値引きされます。このお菓子を3個まとめて買い，500円を支払ったときのおつりは何円ですか。

4　A，B，C，Dの4人が算数のテストを受けました。BはAより3点高く，CはBより6点低く，DはCより11点高い得点でした。4人の平均点が82点のとき，Aの得点を求めなさい。

5　ある本を１日８ページずつ読みます。３日目に全体の$\frac{4}{15}$を読み終えました。この本は全部で何ページあるか答えなさい。

6　右の図は，ある中学校の生徒50人から所属している部活動を聞き取った結果を円グラフで表したものです。

サッカー部，野球部，バスケットボール部，英語部，科学部に所属している生徒の人数は，それぞれ19人，９人，８人，６人，５人で，その他は３人です。

次の(1)，(2)の問いに答えなさい。

(1)　調査した50人の中で「サッカー部」に所属している生徒の人数の割合を百分率で答えなさい。

(2)　円グラフにある「科学部」の㋐の角度を答えなさい。

図

部活動の割合

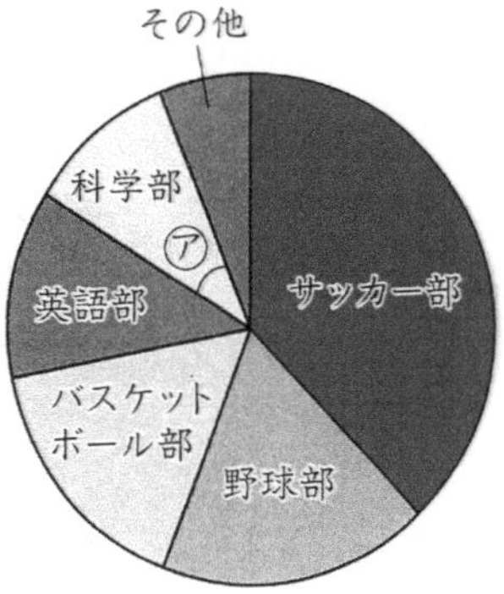

第三問　次の **1** ～ **4** の問いに答えなさい。

1　下の図は，辺ＢＣを１辺とする正三角形ＡＢＣと三角形ＤＢＣです。角㋐の大きさを求めなさい。

図

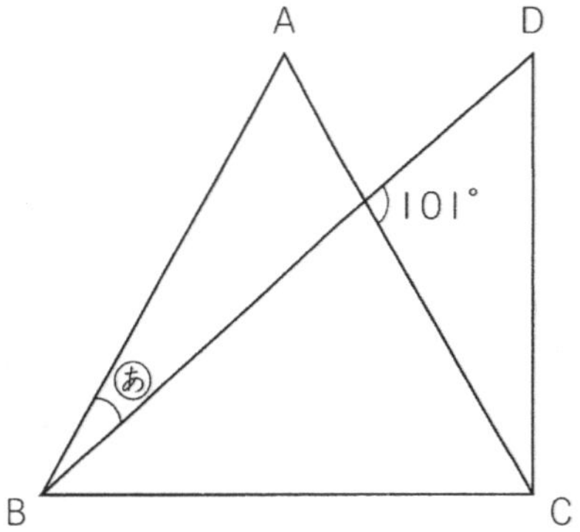

2　下の図は，円の$\frac{1}{4}$と２つの半円を組み合わせたものです。２つの半円の半径が2cmのとき，色をぬった部分の周の長さを求めなさい。ただし，円周率は3.14とします。

図

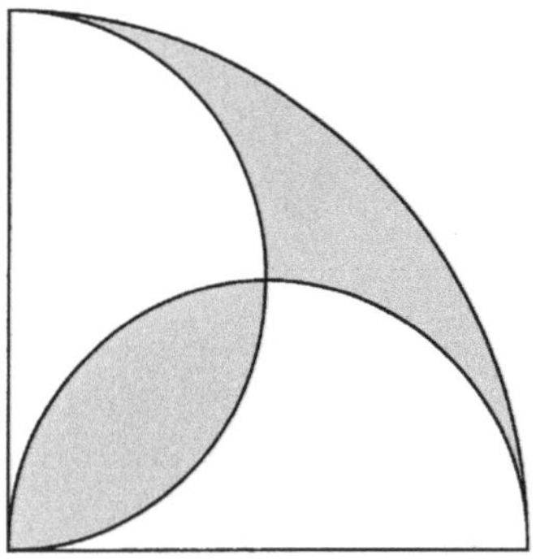

3　下の図で，四角形ＡＢＣＤ，四角形ＤＥＦＧは，ともに正方形です。
色をぬった部分の面積を求めなさい。

図

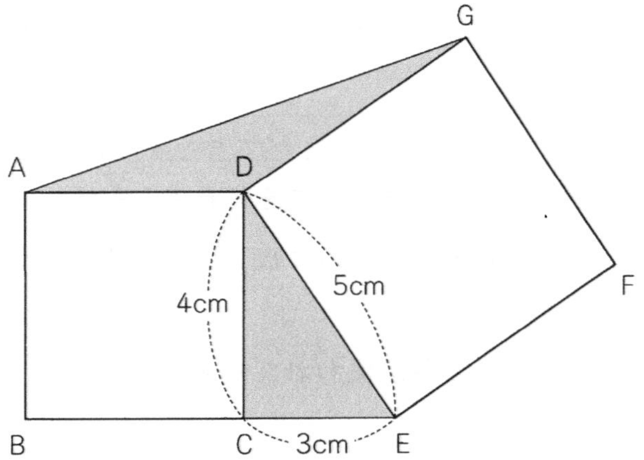

4　１辺の長さが４cmの立方体の形をした容器に水が満たされています。ここに１辺の長さが３cmの立方体の形をしたおもりを静かにしずめたところ，水がいくらか容器からあふれました。このとき，容器に残った水の体積を求めなさい。

第四問　けんたさんとゆうこさんは修学旅行で東京に行きました。以下は修学旅行から帰ってきたあとの２人の会話です。これを読んで，あとの **1**～**3** の問いに答えなさい。

ゆうこさん：東京スカイツリー，すごく高かったね。上からの景色がとてもきれいだった！

けんたさん：僕は怖《こわ》くてあまり下を見ることができなかったなぁ。でも，構造はとても興味深かった。まさに日本を代表する塔《とう》だね。

ゆうこさん：634 mの高さの建物を作るのには，しっかりした構造じゃないといけないもんね。

けんたさん：ガイドさんが『五重塔《ごじゅうのとう》に使われている伝統技術を生かした』って言っていたよ。

ゆうこさん：へぇ，そうなんだ。建物が安定するには，対称な図形を組み合わせるといいのかな？

けんたさん：そうかもしれないね。ミツバチの巣には正六角形が使われているって，テレビで見たよ。

ゆうこさん：知らなかった！せっかくだから，図形を並べて建物の構造について考えてみようよ。

けんたさん：いいね！先生がいつも『学校で学んだことを身の回りのものでも考えてみよう』って言っているもんね。家に，つまようじがたくさんあるから，それを使おう。まずは図形を一列に並べるところから始めてみよう。

けんたさんとゆうこさんは，同じ長さのつまようじを並べて，**図1**のように正方形をつくることにしました。
また，正方形の数と必要なつまようじの本数を**表**にまとめることにしました。

図1

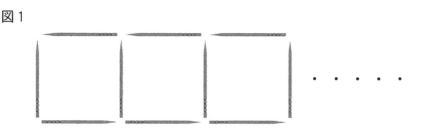

（次ページに続く）

表

正方形の数	1	2	3	4	5	…
つまようじの本数	4	7	ア	イ	ウ	…

けんたさん：正方形を並べてみたけど，骨組みにするには，なんだか不安定な気がするなぁ。

ゆうこさん：うん，そう思う。ほら，正方形を横からこうやって押すと…。

けんたさん：あ，ひし形になった！そうか，正方形もひし形も４つの辺の長さが同じだから変形することができるんだね。

ゆうこさん：日本は地震《じしん》が多いから，正方形だけでは，横からの衝撃《しょうげき》に弱いんじゃないかな？

けんたさん：たしかに。建築家を目指している僕としては，見過ごせないな。例えば，正方形を正三角形にしたらどうだろう？

ゆうこさん：なんだか安定しそうだね。私の家の近くに大きな川があるんだけど橋の構造に正三角形がたくさん使われているのを見たことがあるよ。

けんたさん：やっぱりね！よーし，さっそく正方形を正三角形に並べ直してみるぞ。

ゆうこさん：じゃあ私は，インターネットで何かヒントがないか調べてみるね。

けんたさんは，正方形をつくったつまようじを並べ直して，**図２**のように正三角形をつくることにしました。

図２

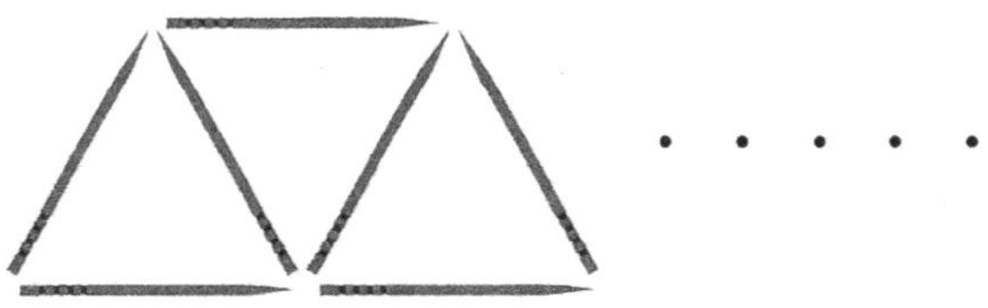

（次ページに続く）

ゆうこさんはインターネットで似たような問題を見つけ，

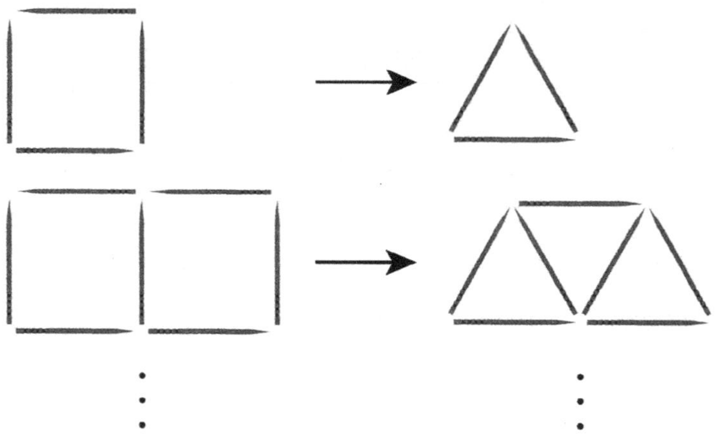

と正方形をつくるのに，使ったつまようじを並べ直して正三角形をつくると正方形の数が偶数《ぐうすう》であれば，どんな場合も，つまようじがあまることなくちょうど正三角形をつくることができる

ということに気づきました。

ゆうこさんはけんたさんに，正方形の個数が30個のときを例にして，このことを次のように説明しました。

ゆうこさんの説明

７ページの**図１**のように並べて，正方形を30個つくるとき，つまようじの本数は[エ]本となるので，

（１＋３×[オ]）本　…　①　と表すことができます。

また，例えば８ページの**図２**のように並べて，正三角形を５個つくるときに必要なつまようじの本数は[カ]本となるので，

（１＋２×[キ]）本　…　②　と表すことができます。

①のつまようじの本数を②のような形になおすと，

１＋３×[オ]＝１＋２×[ク]

となるので，正方形の個数が30個のとき，正三角形はちょうど[ク]個つくることができます。

（次ページに続く）

けんたさん：なるほど。正三角形にしたほうが，いろいろと良い点がありそうだね。よーし，もう少し図形を動かしたり，変えたりして考えてみようよ！

ゆうこさん：うん！

1　表の ア ～ ウ にあてはまる数を答えなさい。

2　ゆうこさんの説明の エ ～ ク にあてはまる数を答えなさい。

3　正方形を1000個つくりました。このとき，つまようじを並べなおすと正三角形は何個つくることができるか答えなさい。

2023（令和５）年度

東北学院中学校入学試験問題
＜前期＞

英語リスニング

2023（令和５）年1月5日（木）

11：10 ～ 11：20（10分間）

注意事項《じこう》

1．受験番号・氏名を解答用紙にはっきり記入してください。

2．答えは，すべて解答用紙に記入してください。

3．解答用紙だけを提出してください。

※放送原稿非公表

第１問　これから話す英語を聞いて，話した内容を最も適切に表すものを，次のA～Cの中からそれぞれ1つ選び，記号で答えなさい。英語は２回放送されます。

No.1

A	B	C
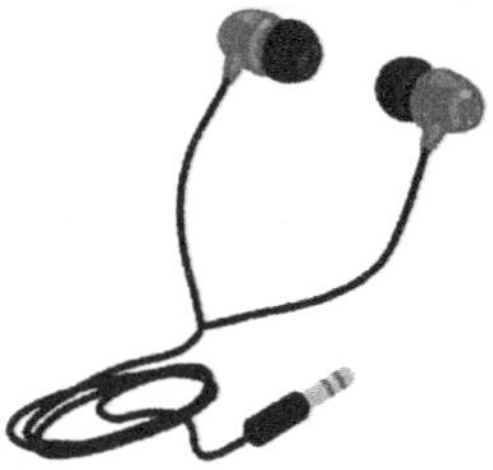		

No.2

A	B	C

No. 3

A	B	C

No. 4

A	B	C
	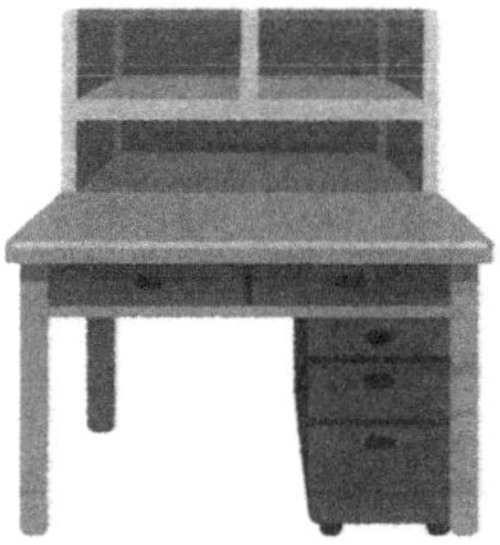	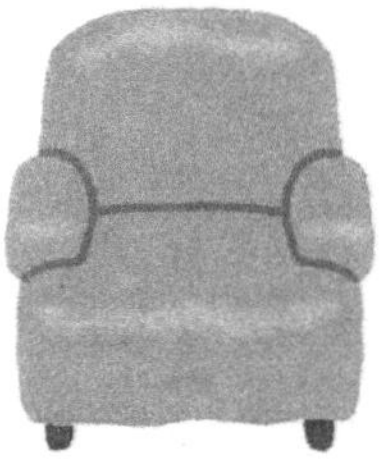

二〇二三（令和五）年度　東北学院中学校入学試験〈前期３教科型〉　国　語　解答用紙

得　点

※100 点満点
（配点非公表）

受験番号

1

氏　名

一

問一

問二

問三

Ⅰ

Ⅱ

Ⅲ

問四

問五

A

B

第三問

1	[度]	
2	[cm]	
3	[cm^2]	
4	[cm^3]	

第四問

1	ア	イ
	ウ	
2	エ	オ
	カ	キ
	ク	
3	[個]	

得点
※100 点満点 （配点非公表）

受験番号	1				氏名	

第２問

No. 1	

No. 2	

No. 3	

受験番号					氏　名	

得　　点
※20 点満点 （配点非公表）

2023（令和5）年度　東北学院中学校入学試験＜前期＞英語リスニング　解答用紙

第１問

No. 1	
No. 2	
No. 3	
No. 4	

【解答

2023（令和5）年度　東北学院中学校入学試験<前期3教科型>　算　数　解答用紙

（注意）□ の欄には，何も記入しないこと。

第一問

1	
2	
3	
4	
5	
6	
7	
8	
9	

第二問

1		
2		分速　　　　［m］
3		［円］
4		［点］
5		［ページ］
6	(1)	［%］
	(2)	［度］

【解答

問八

答

理由

によってコントロールされているから。

二

問一

↓

問二

〜

問三

問四

1

2

1つ目

2つ目

問五

問六

三

① ショクギョウ

② アツい

③ テキした

④ ホケン

⑤ オウフク

⑥ 易しい

⑦ 築く

⑧ 価格

⑨ 備える

⑩ 習慣

第２問

No.１

アキさんがペットの犬について話します。アキさんが飼っている犬の正しい組み合わせを，次のＡ～Ｃの中から１つ選び，記号で答えなさい。英語は２回放送されます。

A		
B		
C		

No.2

マイさんがスポーツについて話します。マイさんが話したことを最も適切に表しているものを，次のA～Cの中から１つ選び，記号で答えなさい。英語は２回放送されます。

A	木曜日 	日曜日 
B	日曜日 	木曜日 
C	火曜日 	土曜日 

No.3

　ユミさんが文房具について話します。ユミさんが話したことを最も適切に表しているものを，次のＡ～Ｃの中から１つ選び，記号で答えなさい。英語は２回放送されます。

A	300円 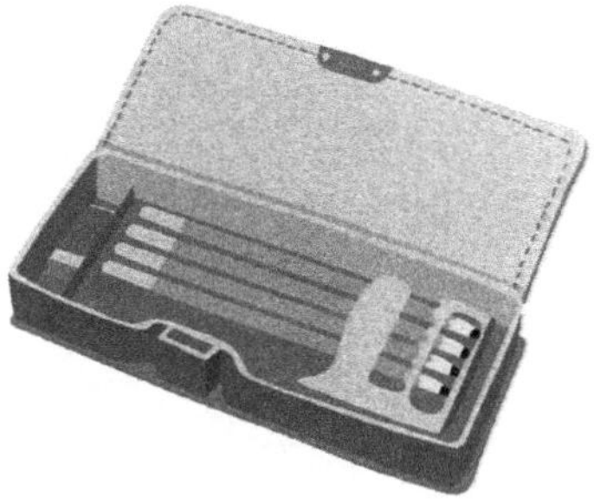	300円 
B	200円 	100円 
C	200円 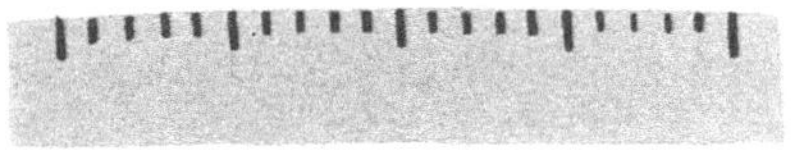	100円 

二〇二二（令和四）年度
東北学院中学校入学試験問題
〈前期3教科型〉

国　語

二〇二二（令和四）年一月六日（木）
九時～九時五〇分（五〇分間）

注意事項《じこう》

一．受験番号・氏名を解答用紙にはっきり記入してください。
二．答えは、すべて解答用紙に記入してください。
三．解答用紙だけを提出してください。

一　次の文章を読んで、後の問いに答えなさい。

害虫。ときに人は昆虫《こんちゅう》をこのようによんで、嫌《きら》ってきた。当然のことながら、害虫というのは人から見た場合のよび方であって、害虫とよばれる昆虫であっても、決して絶対的な悪の軍団などではない。多くの悪役に悪となった背景があるように、害虫とよばれる昆虫も、たまたまその生態が人にとって都合が悪かったために悪役とされているに過ぎないのだ。とはいえ、害虫とよばれてきた昆虫は数多い。なぜ彼《かれ》らは悪役にされてしまったのだろう。

カはいちばん身近な害虫とされる昆虫のひとつだ。カをはじめ、ノミやシラミなどの昆虫は衛生害虫とよばれ、人の血を吸い、単にかゆみを引き起こすだけでなく、ときには深刻な伝染病を人の体内に運んでしまうこともある。カが※媒介《ばいかい》するデング熱やマラリア、ノミが媒介するペスト、シラミが媒介する発しんチフスなど、いずれも人が感染すれば重症化《じゅうしょうか》し、死にいたることもある危険な病気だ。中南米のカメムシ（サシガメ）の仲間が媒介するシャーガス病、アフリカに生息する小さなハエ（ツェツェバエ）の仲間が媒介する眠《ねむ》り病なども有名だ。ハエのなかには、病気を運んでこずとも、人の皮膚《ひふ》に潜《もぐ》り込《こ》んで寄生するもの（その名もヒトヒフバエ！）も知られている。

こういった昆虫たちは、人に限らず、人が食料や毛皮を得るためなどに飼育している牛や馬、鶏《にわとり》、羊のような家畜《かちく》動物にも病気を媒介したり、寄生したりすることもある。いずれの昆虫たちも、栄養を得るために血を吸ったり、寄生をおこなったりするのであり、そこには生き残りをめぐる容赦《ようしゃ》のない争いが発生する。なので、(1)人にとって身近な昆虫は、人が暮らしていくうえでは避《さ》けることができない敵ともなっているのだ。

害虫といえば、農業害虫とよばれる昆虫たちも外せない。米や小麦などの穀物にしても、キャベツやニンジンなどの野菜、リンゴやミカンなどの果物にしても、人が畑や田んぼでつくる作物には、必ずといっていいほど虫たちが集まってくる。目的はもちろんエサとして食べるためだ。田んぼには、イネの汁《しる》を吸いにカメムシの仲間がやってくる。キャベツ畑には、葉をかじるアオムシや、汁を吸うナガメが群がる。ミカン畑では、ゴマダラカミキリの幼虫が木の幹の中を食べ進む。おいしそうな食事が一か所にまとめて並べられているのだから、それを食べる昆虫が喜んでやってくるのは無理もない。

とはいえ、こういった田んぼや畑では虫たちの発生を抑《おさ》えるため、殺虫剤《ざい》がまかれる。殺虫剤がまかれることで害虫とよばれる昆虫たちも一時的に姿を消すが、同時に、(2)それを獲物《えもの》としている寄生バチのような昆虫やクモなども姿を消す。殺虫剤の効果が切れるころには、(3)外敵も少なく、エサも豊富な、レストランができあがるわけだ。このチャンスを見逃《みのが》す昆虫がいるわけがない。人が作物をつくって食べ物を得ている以上、生き残るために昆虫との戦いは避けられないわけだ。

毒をもっている昆虫もやはり(4)害虫として嫌われる。ガの幼虫や成虫の一部は体に毒毛をもっていて、これが人の体に付着すると、ひどいかゆみを引き起こす。また、ハチの仲間は毒針をもっているものが多いことから、やはり嫌われている。しかし、ガの毒毛は身を守るためのもので、それを使って積極的に襲《おそ》ってくることはないし、ハチが毒針を使うのは子育てのために狩《か》りをおこなうときと、自分の身や巣を守るときだけだ。なので、それを知って気をつけていれば、こういった昆虫との無益な争いを避けることができる。アシナガバチやスズメバチとて、巣から離《はな》れたところでなら、驚《おどろ》かせない限り、積極的に刺《さ》してくることはない（もっとも、驚かせるつもりはなかったのに知らぬ間に驚かせて、刺されてしまうこともあるので、注意は必要だ）。

人を病気にするわけでも、田んぼや畑を荒《あ》らすわけでも、毒をもっているわけでもないのに、不快害虫なんてよばれている昆虫たちもいる。主に見た目が気持ち悪い昆虫などで、人目につきやすいものや大量発生するようなものがこうよばれたりする。虫嫌いの人にとっては、そもそもすべての昆虫が不快害虫になってしまうだろうことを考えると、昆虫にとっては何とも※理不尽《りふじん》な話だが、虫嫌いの人にとっては深刻な問題であることに変わりはないのかもしれない。野外にいる昆虫とは、避けていればある程度出会わずに済ませることもできるが、家の中にまで侵入《しんにゅう》してくるものは避けようがない。黒光りする平べったい体、長い触覚《しょっかく》、すばやい動きで人々を恐怖《きょうふ》のどん底に陥《おとしい》れることもあるゴキブリ、ツヤめいた体で、長い触覚と足をもち、暗闇《くらやみ》でうごめくキリギリスの仲間のカマドウマ、ときに大挙して押《お》し寄せ、刺激《しげき》的なにおいで悩《なや》ますカメムシ、食べ物や排水溝《はいすいこう》に湧《わ》くコバエたち。食べ物にひかれてきたもの、明かりに集まってきたもの、すみかを求めてきたもの、理由はそれぞれだが、昆虫にとっては人の家もまた森や林と変わらない自然環境《かんきょう》の一部である以上、それを拒むことはできない。となると、広い心で受け入れない限り、これらの昆虫との争いは避けられない。もっとも、家の中に侵入する昆虫にはシロアリのように、直接的に家に被害を与《あた》えるものもいるので、寛容《かんよう》になりすぎると家を失うことにもなりかねない。

（井手竜也『昆虫学者の目のツケドコロ　身近な虫を深く楽しむ』より）

※媒介…両方の間に立って、一方から他方に伝えること。

※理不尽…道理の通らないこと。

問一　――部(1)「人にとって身近な昆虫は、人が暮らしていくうえでは避けることができない敵ともなっている」について、それはなぜですか。説明としてふさわしいものを次の中から一つ選び、記号で答えなさい。

ア　家畜動物が病気になり、食料や毛皮が手に入らなくなるから。

イ　人間の生活と昆虫が生き残るための生態が密接に関わっているから。

ウ　かゆみを引き起こしたり、伝染病に感染したり人間に被害をもたらすから。

エ　死につながる感染症をひきおこす昆虫が人間と近いところにいるから。

オ　人間には見えないところで、昆虫が人間の生活を支えているから。

問二　――部(2)「それ」は何を指しますか。本文中の表現を使って十五字以内で答えなさい。なお、句読点や記号も一字とします。

問三　――部(3)「外敵も少なく、エサも豊富な、レストラン」とは何を例えていますか。本文中の表現を使って四十字以内で説明しなさい。

問四　――部(4)「害虫として嫌われる」について、本文に出てくる害虫の種類を表にまとめました。表の中の［Ⅰ］・［Ⅱ］に入れるのにふさわしい語句を、指定された字数で本文からぬき出して答えなさい。

［Ⅰ（七字）］	カ、ノミ、シラミ
田んぼや畑を荒らす	カメムシの仲間、アオムシ、ナガメ
毒をもっている	ガ、ハチ
［Ⅱ（九字）］	ゴキブリ、カマドウマ

問五　次の対話文は本文を読んだ生徒の話し合いです。［X］に入れるのにふさわしい言葉を考えて書きなさい。

A「本文では昆虫と害虫という二種類の呼び方がされているね」
B「この使い分けにはどのような意味があるんだろう」
A「わざわざ言葉を使い分けているということは、意味が違うということだよね」
C「私は、害虫という言葉には［X］という意味があると思う」
B「そうだね。そう考えると昆虫という言葉はかたよりのない言い方なんだね」
C「そうか。害虫と昆虫という言葉に注目すると内容がよく理解できるね」

二

次の文章を読んで、後の問いに答えなさい。

正午を回った頃《ころ》、やっと三上くんが帰ってきた。居間でテレビを観《み》ていた少年に、「おーっ、ひさしぶりぃ！」と笑顔で声をかける。息が荒《あら》い。顔が汗《あせ》びっしょりになっている。自転車をとばして帰ってきた――早く会うために帰ってきてくれた、のだろうか。

一瞬《いっしゅん》［Ⅰ］ゆるんだ少年の頬《ほお》は、三上くんと言葉を交わす間もなく、しぼんだ。

三上くんはおばさんに「お昼ごはん、なんでもいいから、早く食べれるものにして」と言ったのだ。「一時から五組と試合することになったから」

おばさんは台所から顔を出して、「ケイジ、なに言ってんの」と怒《おこ》った。「トシくんと遊ぶんでしょ、今日は」

三上くんは、あっ、という顔になった。あわてて「わかってるって、そんなのわかってるって」と繰《く》り返したが、あせった目があちこちに動いた。

［Ⅱ］忘れていたのだろう。ソフトボールの練習中に急に「試合しよう」という話になって、「じゃあ、俺《おれ》も行く」と安請《やすう》け合いしてしまったのだろう、どうせ。「ケイジ、あんたねえ、せっかくトシくんがわざわざ遊びに来てくれたのに、迎《むか》えもお母さんに行かせて、ずーっと待ってもらって……もうちょっと考えなさい」

しょんぼりと肩《かた》を落として「はーい……」と応《こた》える三上くんよりも、(1)<u>少年のほうがうつむく角度は深かった</u>。おばさんが味方についてくれたのが、うれしくて、悔《くや》しくて、恥《は》ずかしくて、悲しい。

「どうせジンくんたちでしょ？［Ⅲ］電話して、行けなくなったって言っときなさい」

おばさんは三上くんをにらんで、「せっかくハンバーグつくってるんだからね」と、また台所に戻《もど》った。ジンくん――少年の知らない、三上くんの新しい友だちだろう。

三上くんは、まいっちゃったなあ、と顔をしかめ、少年に遠慮《えんりょ》がちに声をかけた。「トシもソフトやらない？一緒《いっしょ》に行こうよ、学校まですぐだし、グローブも貸してやるから」
なっ、なっ、と両手で拝まれた。

少年は黙《だま》ってうなずいた。おばさんと三人でごはんを食べるのもA気詰《きづ》まりだったし、(2)三上くんのほんとうの安請け合いは、ソフトボールの試合のことではなく、手紙に〈遊びに来るのを楽しみにしています〉と書いたことなのかもしれない、と思ったから。

「俺らの学校にトシがいて、五年二組だったら、絶対にレギュラーだよ」

三上くんは「ほんとだぜ、ほんと」と念を押して、にっこり笑った。四カ月ぶりに見る笑顔は、そんなに変わらない。でも、三上くんの「俺らの学校」は、もう、南小ではない。

知らない友だちに囲まれている三上くんは、とても楽しそうだった。「こいつ、トシユキっていって、俺の前の学校の友だち」――少年を紹介《しょうかい》すると、友だちは、同じ名前の子を思いだしたのだろう、みんなで顔を見合わせて笑った。この学校でのトシユキは、どうやらクラスでみそっかす扱《あつか》いされているようだ。

でも、トシユキがどんな子なのか、誰《だれ》も教えてくれない。みんなは少年を放っておいて、少年の知らない話ばかりして、笑ったり小突《こづ》き合ったりしている。

「あ、それで……」

三上くんは少年を振《ふ》り向き、気まずそうに言った。

「いま、俺ら九人いるから……トシ、ピンチヒッターでいい？　途中《とちゅう》で、絶対に出番つくってやるから」

(3)泣きたくなった。来るんじゃなかった、と思った。

「……やっぱり、帰るから」

少年は言った。校門前のバス停から駅行きのバスが出ているのは、さっき確かめておいた。

「えぇーっ？なんで？」と驚く三上くんに「バイバイ」と言って、最後にがんばって笑って、ダッシュで校門に向かった。

三上くんは追いかけてこなかった。

次のバスは五分後だった。ベンチに座って、ぼんやりと足元を見つめていると、グラウンドのほうから歓声《かんせい》が聞こえてきて、また目に(4)涙《なみだ》がにじみそうになった。

予定よりも［Ⅳ］早い列車で帰ることになる。まだ明るいうちに家に帰り着けるだろう。急いで出かければ、南小のグラウンドで遊んでいる友だちにも会えるかもしれない。早く帰りたい。みんなと遊びたい。もう「三上、元気かなあ……」なんて言わない。これからは、ずっと。

そろそろだな、と膝《ひざ》に載《の》せていたリュックサックを背負って立ち上がったら、「トシ！」と校門から三上くんが駆《か》けてきた。

「悪い悪い、ごめんなあ……ほんと、ごめん、守備のときは抜《ぬ》けられないから」

一回表の五組の攻撃《こうげき》が終わると、全力疾走《しっそう》してきたのだという。少しでも時間がとれるよう、ふだんは三番の打順も九番に下げてもらった。

「トシのこと忘れてたわけじゃないんだけど、やっぱり、(5)こっちもこっちでいろいろあるから」

「……わかってるから、いいって」

「バスが来るまで一緒にいるから」

「いいよ、そんなの悪いから」

「でも……せっかく来てくれたんだし」

三上くんはグローブを二つ持ってきていた。ボールもあった。「ちょっとだけでも、キャッチボールしよう」と笑って、自分が使っていたグローブを少年に差し出した。

少年が黙って受け取ると、三上くんは照れくさそうに笑った。少年も目を伏《ふ》せて笑い返す。

小走りに距離《きょり》をとった三上くんが、山なりのボールを放った。それを軽くキャッチしたときに、気づいた。

〈南小4年1組フォーエバー!〉

グローブの甲《こう》に、サインペンで書いてあった。転校したての頃に書いたのだろう、黒い文字は薄《うす》れかかっていた。

へへっ、と少年は笑う。うれしいのか悲しいのかよくわからなかったが、自然と笑《え》みが浮《う》かんだ。

「なに?」とBけげんそうに訊《き》く三上くんにはなにも答えず、ボールを投げ返した。

三上くんが「バス、来たぞ」と言った。振り向くと、道路の先のほうにバスの車体が小さく見えた。

「ラスト一球」——さっきより少し強いボールを、少年は右手をグローブに添《そ》えて捕《と》った。

〈南小4年1組フォーエバー!〉の文字の上を右手の親指でなぞると、(6)うっすらと積もっていた砂埃《すなぼこり》が拭《ぬぐ》い取られて、少しだけ、文字が鮮《あざ》やかになった。

(重松清「南小、フォーエバー」『小学五年生』所収 文春文庫刊より)

問一 Ⅰ から Ⅳ に入れるのにふさわしい言葉を次の中からそれぞれ一つ選び、記号で答えなさい。

ア さっさと **イ** きょとんと **ウ** ずっと **エ** ふわっと **オ** かちんと **カ** けろっと

問二 ═部A「気詰まり」、═部B「けげんそうに」の意味としてふさわしいものを次の中からそれぞれ一つ選び、記号で答えなさい。

A「気詰まり」

ア 盛り上がる様子
イ 楽しみな気持ち
ウ 重苦しい感じ
エ さびしい気分
オ あわれな思い

B「けげんそうに」

ア 納得がいかない様子で
イ すべてをわかった上で
ウ 別れを残念に思って
エ とても楽しげなさまで
オ 悲しみをこらえながら

問三 ――部(1)「少年のほうがうつむく角度は深かった」について、それはなぜですか。説明としてふさわしいものを次の中から一つ選び、記号で答えなさい。

ア 三上くんが最後には自分と遊ぶ約束を優先してくれることになったことに安心し、とてもうれしく思ったから。

イ 三上くんの都合も考えずに訪ねてしまい、新しい友達との約束を破らせてしまうことをとてもつらく感じたから。

ウ おばさんがわざわざ時間をかけて自分たちのためにおいしい昼食を作ってくれることを申し訳なく思ったから。

エ おばさんがしばらく会っていなかったのに自分の味方をしてくれたことに、強い感謝の気持ちを持ったから。

オ 三上くんが自分と遊ぶ約束をすっかり忘れており、新しい友達との試合を楽しみにしている姿にがっかりしたから。

問四 ――部(2)「三上くんのほんとうの安請け合いは、ソフトボールの試合のことではなく、手紙に〈遊びに来るのを楽しみにしています〉と書いたことなのかもしれない」について、「少年」はなぜこのように考えたのですか。簡潔に説明しなさい。

問五 ――部(3)「泣きたくなった」、――部(4)「涙がにじみそうになった」に共通する「少年」の気持ちを次のようにまとめました。[X]・[Y]に入れるのにふさわしい語句を考えて書きなさい。

三上くんが自分よりも [X（十字程度）] を大切にしていることが分かり [Y（五字程度）] 気持ち。

問六 ――部(5)「こっちもこっちでいろいろあるから」について、「いろいろ」の内容として**ふさわしくない**ものを次の中から一つ選び、記号で答えなさい。

ア 新しい小学校での生活に慣れる努力をすること。

イ 新たなクラスメイトと仲良くなれるように努めること。

ウ 環境になじんで新たな生活を充実したものにすること。

エ 前の小学校の友だちのことをいつも考えて生活すること。

オ 不安な気持ちを切り替えて前向きに過ごそうとすること。

問七　――部(6)「うっすらと積もっていた砂埃が拭い取られて、少しだけ、文字が鮮やかになった」について、この時の「少年」の気持ちの説明としてふさわしいものを次の中から一つ選び、記号で答えなさい。

ア　三上くんが新しい仲間との関係を大切にしていることを改めて感じ、ひどくがっかりする少年の気持ちを示している。

イ　不安に思っていたが、三上くんとの間にはまだ心の交流があることがわかり、ほっとする少年の気持ちを示している。

ウ　転校直後、環境になじめずとてもつらい思いをしたことが分かり、三上くんに強く共感する少年の気持ちを示している。

エ　三上くんが新しい環境にすっかりなじみ、いきいきと生活していることが分かり、ほっとする少年の気持ちを示している。

オ　三上くんは、南小の仲間のことを心に留めながら過ごしていることが分かり、うれしく感じる少年の気持ちを示している。

三

①～⑤の――線部のカタカナを漢字に直し、⑥～⑩の――線部の漢字の読みをひらがなで書きなさい。

①　先人をウヤマう。

②　絶景に目をウバわれる。

③　キボを小さくする。

④　人手不足にコマる。

⑤　予算をショウニンする。

⑥　医師団を派遣する。

⑦　推理小説を読む。

⑧　ピアノを奏でる。

⑨　夢を育む。

⑩　臨時列車を走らせる。

2022（令和４）年度

東北学院中学校入学試験問題
＜前期＞

英語リスニング

2022（令和４）年1月6日（木）

11：10～11：20（10分間）

注意事《じ》項《こう》

1．受験番号・氏名を解答用紙にはっきり記入してください。

2．答えは，すべて解答用紙に記入してください。

3．解答用紙だけを提出してください。

★教英出版注
音声は，解答集の書籍ＩＤ番号を教英出版ウェブサイトで入力して聴くことができます。

※放送原稿非公表

第１問　これから話す英語を聞いて，話した内容を最も適切に表すものを，次のＡ～Ｃの中からそれぞれ１つ選び，記号で答えなさい。英語は２回放送されます。

No.1

A	B	C

No.2

A	B	C

No. 3

A	B	C
	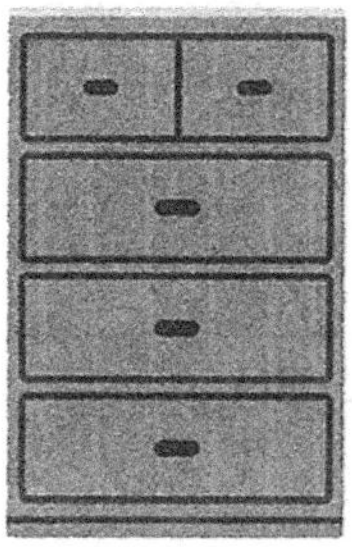	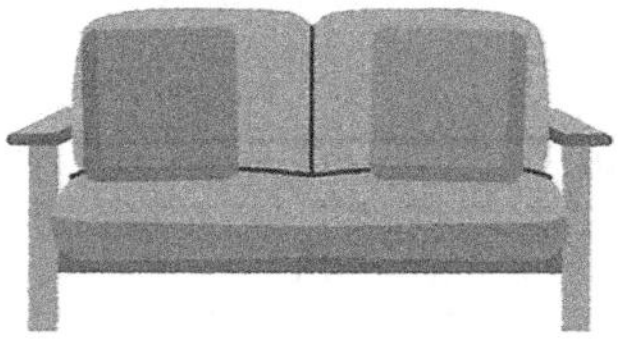

No. 4

A	B	C
		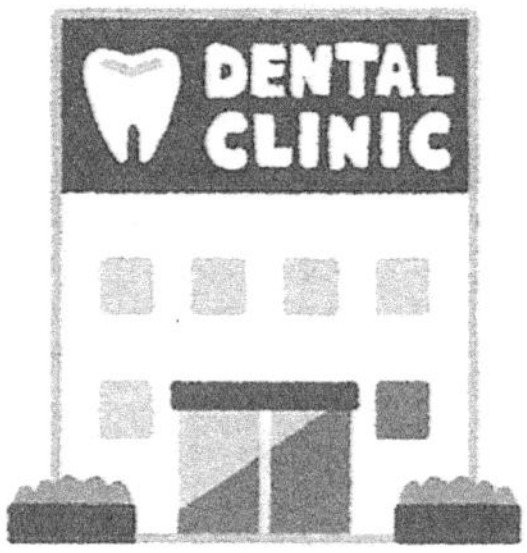

二〇二二（令和四）年度　東北学院中学校入学試験〈前期３教科型〉国語　解答用紙

受験番号

1

氏　名

得　点

※100点満点
（配点非公表）

一

問一

問二

問三

問四

Ⅰ

Ⅱ

問五

第三問

1	長針	[度]
	短針	[度]
2		[cm^2]
3		[cm^3]
4		[cm^3]

第四問

1	ア	イ
	ウ	エ
	オ	カ
	キ	ク
2	ケ	コ

受験番号	1				氏　名	

得　点

※100 点満点
（配点非公表）

第２問

No. 1	

No. 2	

No. 3	

受験番号	1				氏　名	

得　　点

※20 点満点
（配点非公表）

2022（令和4）年度　東北学院中学校入学試験＜前期＞英語リスニング　解答用紙

第１問

No.1	
No.2	
No.3	
No.4	

【解答用

2022（令和4）年度　東北学院中学校入学試験<前期3教科型>算数　解答用紙

（注意）□には何も記入しないこと。

第一問

1	
2	
3	
4	
5	
6	
7	
8	
9	

第二問

1		［通り］
2		［kg］
3		［時］　［分］
4		［円］
5		100円あたりのカロリーが最も**高い**商品
		100円あたりのカロリーが最も**低い**商品
6	(1)	［点］
	(2)	［%］

【解答用

第三問

1	長針	[度]
	短針	[度]
2		[cm^2]
3		[cm^3]
4		[cm^3]

第四問

1	ア	イ
	ウ	エ
	オ	カ
	キ	ク
2	ケ	コ

受験番号	1				氏　　名	

得　　点

※100点満点
（配点非公表）

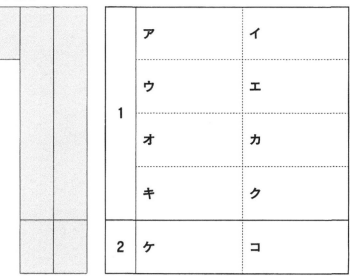

第２問

No. 1	

No. 2	

No. 3	

受験番号	1				氏　名	

得　　点

※20 点満点
（配点非公表）

2022（令和4）年度　東北学院中学校入学試験＜前期＞英語リスニング　解答用紙

第１問

No.1	
No.2	
No.3	
No.4	

【解答用

2022（令和4）年度　東北学院中学校入学試験<前期3教科型>算数　解答用紙

（注意）　　には何も記入しないこと。

第一問

1	
2	
3	
4	
5	
6	
7	
8	
9	

第二問

1		[通り]
2		[kg]
3		[時]　　[分]
4		[円]
5	100円あたりのカロリーが最も**高い**商品	
	100円あたりのカロリーが最も**低い**商品	
6	(1)	[点]
	(2)	[%]

【解答用

二

問一	問二	問三	問四	問五	問六	問七
Ⅰ	A			X		
Ⅱ	B			Y		
Ⅲ						
Ⅳ						

三

① ウヤマう	⑥ 派遣
② ウバわれる	⑦ 推理
③ キボ	⑧ 奏でる
④ コマる	⑨ 育む
⑤ ショウニン	⑩ 臨時

第2問

No.1

　アキさんが冬休みの出来事について話します。アキさんが実際に行ったことを最も適切に表している絵の組み合わせを，次のA～Cの中から1つ選び，記号で答えなさい。英語は2回放送されます。

	アキさんが行ったこと	
A		
B		
C		

No.2

　アキさんが両親の仕事と自分の将来の夢について話します。アキさんが話したことを最も適切に表している絵の組み合わせを，次のＡ～Ｃの中から１つ選び，記号で答えなさい。英語は２回放送されます。

	両親の仕事	将来の夢
A		
B		
C		

No.3

　ユカさんが学校の勉強について話します。ユカさんが得意な教科，得意ではない教科はどれですか。正しい組み合わせを次のＡ～Ｃの中から１つ選び，記号で答えなさい。英語は２回放送されます。

	得意な教科	得意ではない教科
A		
B		
C		

2022(R4) 東北学院中
K 教英出版

3　１つの面の面積が$36\mathrm{cm}^2$の立方体があります。この立方体の体積を求めなさい。

4　右の図の立体は，高さが等しい２つの三角柱を組み合わせてできる立体です。
この立体の体積を求めなさい。

図

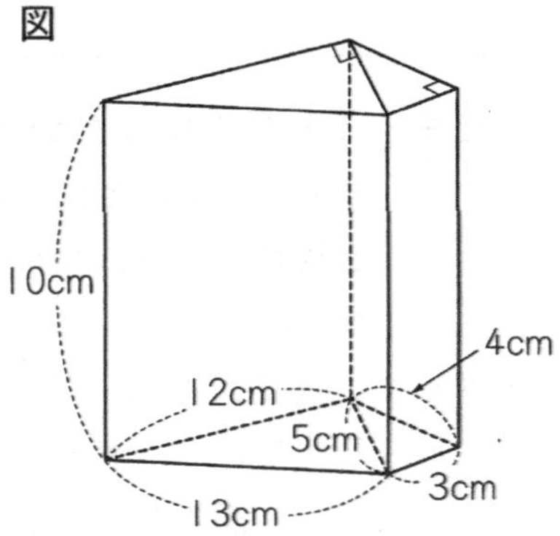

第四問　次の**会話文**は，数学担当のＴ先生が，生徒Ｓさん，Ｕさんにある課題を出したときの様子です。この**会話文**を読んで，あとの**1**，**2**の問いに答えなさい。

会話文

Ｔ先生：次の**図**のように，ある規則にしたがって数が書かれているＬ字型のカードがあります。
ただし，１枚目だけはＬ字型ではありません。

図

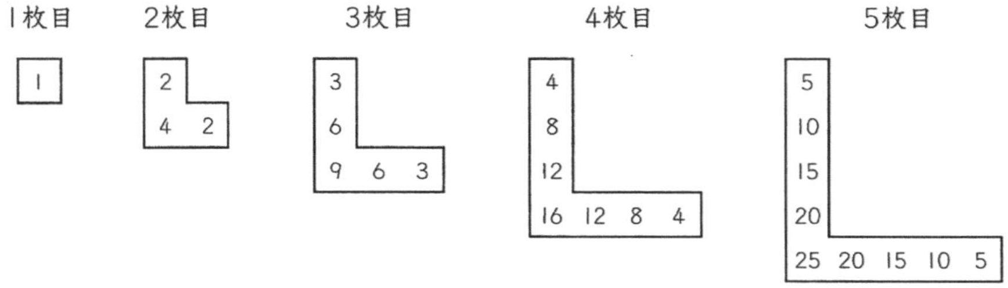

Ｔ先生：この規則にしたがって，６枚目，７枚目，・・とＬ字型のカードを考えていくことにします。
６枚目，７枚目のカードには，それぞれ何個の数が書かれているでしょうか。

Ｓさん：１枚目は１個，２枚目は３個，３枚目は５個。この規則で６枚目，７枚目のカードを考えると・・・６枚目には［　ア　］個，７枚目には［　イ　］個の数が書かれているんじゃないですか。

Ｔ先生：そのとおりですね。次に，カードに書かれている数の中で，一番大きい数について考えます。６枚目，７枚目のカードに書かれている数の中で，一番大きい数はいくつですか。

Ｓさん：４枚目のカードに書かれている数の中で一番大きい数は16，５枚目のカードに書かれている数の中で一番大きい数は25だから，６枚目のカードに書かれている数の中で一番大きい数は［　ウ　］，７枚目のカードに書かれている数の中で一番大きい数は［　エ　］になるんじゃないですか。

Ｔ先生：そうですね。Ｌ字型のカードの作り方の規則が見えてきたようですね。
では，Ｌ字型のカードに書かれている数をすべて足すといくつになるのかに注目して，その数にどんな性質があるか考えてみてください。

（次ページに続く）

Uさん：1枚目は1，2枚目はすべて足すと8，3枚目はすべて足すと27，
4枚目はすべて足すと64です。
でも，・・・性質を見つけられないんですけど。

Sさん：1，8，27，64か。ん？どれも同じ数を[オ]回かけた数ですね。

Uさん：なるほど。
じゃあ，6枚目のカードに書かれている数をすべて足すと[カ]，
7枚目のカードに書かれている数をすべて足すと[キ]になるね。

T先生：L字型のカードに書かれている数をすべて足したときの数にどんな性質があるかわかったようですね。
では，カードに書かれている数をすべて足すと729になるのは何枚目のカードですか。

Uさん：[ク]枚目ですね。

T先生：良くできましたね。

1　会話文の[ア]～[ク]にあてはまる数を答えなさい。

2　SさんとUさんはこのL字型のカードについてさらに調べ，次のような性質を見つけました。
[ケ]，[コ]にあてはまる数を答えなさい。

[SさんとUさんが見つけた性質]
1枚目のカードに書かれている数は1，
1枚目，2枚目のカードに書かれている数をすべて足すと9，
1枚目～3枚目のカードに書かれている数をすべて足すと36，
1枚目～4枚目のカードに書かれている数をすべて足すと100，
1枚目～5枚目のカードに書かれている数をすべて足すと[ケ]，
となります。
ここで出てきた数1，9，36，100，[ケ]には

1×1＝1
(1＋2)×(1＋2)＝9
(1＋2＋3)×(1＋2＋3)＝36
(1＋2＋3＋4)×(1＋2＋3＋4)＝100
(1＋2＋3＋4＋5)×(1＋2＋3＋4＋5)＝[ケ]

という性質があります。
この性質をもとに考えると，
1枚目～9枚目のカードに書かれている数をすべて足すと[コ]となります。

(以下余白)

2022（令和４）年度

東北学院中学校入学試験問題
＜前期３教科型＞

算　　数

2022（令和４）年１月６日（木）

10：05 ～ 10：55（50分間）

注意事項《じこう》

1．受験番号・氏名を解答用紙にはっきり記入してください。

2．答えは，すべて解答用紙に記入してください。

3．計算は問題冊子の余白を利用しても構いません。

4．解答用紙だけを提出してください。

第一問 次の1～10の計算をしなさい。

1　$573 - 285$

2　$24 - 15 + 3$

3　$1\frac{2}{7} - \frac{3}{7}$

4　$\frac{3}{4} + \frac{1}{6}$

5　$0.6 - \frac{1}{3}$

6　5.2×4.8

7　$1.8 \div 0.12$

8　$15 - 5 \times 2 + 3$

9　$\frac{3}{14} \div 3.5 \times 4.9$

10　$\left(\frac{5}{7} - 0.375\right) \times 56$

第二問　次の**1**～**6**の問いに答えなさい。

1　　１，２，３，４，５の５個の数字から異なる３個の数字を選んで，３けたの整数をつくります。
全部で何通りの整数ができますか。

2　　まさきさんの体重は41.3kg，けんたさんの体重は35.8kg，ひろしさんの体重は37.2kgです。
この３人の体重の平均は何kgですか。

3　　A駅を８時20分に出発して，28km離れたB駅に向かう特急列車があります。
この特急列車はA駅とB駅の間での速さは時速140kmで一定であるとき，B駅に何時何分に到着《とうちゃく》しますか。

4　レストランのメニューの料金には，持ち帰るときは８％，店内で食べるときは10％の消費税が含まれています。持ち帰るときの料金が378円であるメニューを店内で食べることにすると，料金はいくらになるか求めなさい。

5　Ａさんはいろいろな商品のカロリーと値段について調べています。

ツナマヨネーズおにぎり	234キロカロリー	120円
明太子スパゲッティ	684キロカロリー	400円
チキンナゲット	270キロカロリー	150円
ポテト	480キロカロリー	250円
あんパン	152キロカロリー	80円

100円あたりのカロリーが最も**高い**商品と，100円あたりのカロリーが最も**低い**商品をそれぞれ答えなさい。

6　右の図は，６年１組の算数の10点満点の小テストの結果を柱状グラフで表したものです。次の(1),(2)の問いに答えなさい。

(1)　この小テストの平均点は何点ですか。

(2)　この小テストで，平均点以上の点数の人の割合は何％ですか。

図

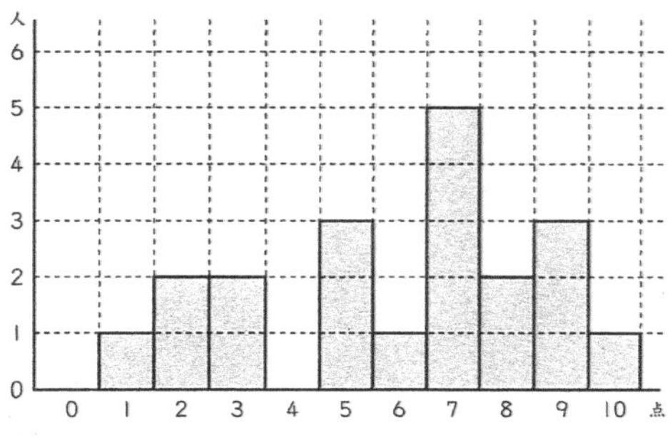

第三問 次の**1**～**4**の問いに答えなさい。

1 10時5分から10時25分までの20分間で，長針と短針はそれぞれ何度回転するか求めなさい。

2 下の図のような面積が6 cm^2 の正六角形があります。色をぬった部分の面積を求めなさい。

図

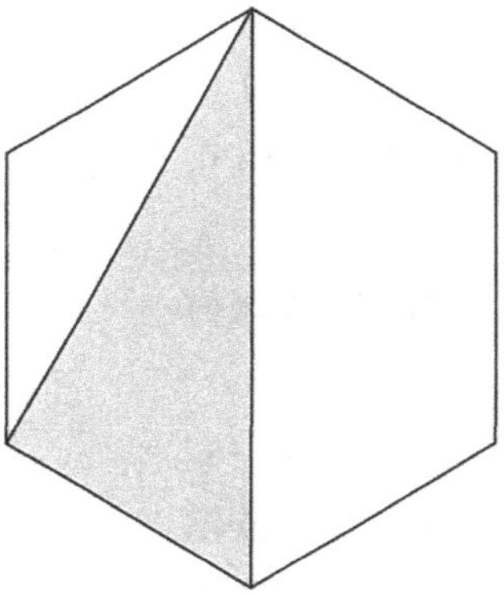

二〇二一（令和三）年度
東北学院中学校入学試験問題
〈前期2教科型〉

国語

二〇二一（令和三）年一月七日（木）
九時～九時五〇分（五〇分間）

注意事項

一．受験番号・氏名を解答用紙にはっきり記入してください。
二．解答は、すべて解答用紙に記入してください。
三．解答用紙だけを提出してください。

一　次の文章を読んで、後の問いに答えなさい。（一部本文を改めたところがあります。）

二〇世紀の常識では、地域の発展のためには産業が必要だと考えてきました。Ⅰ、二一世紀の経済では、追加費用をかけて、いま以上にモノを増やしていくビジネスモデルは最小限になっていくでしょう。逆に、地域にあるものをそのまま使うことで、費用を節約することができます。大きな投資がなくても、地域の空間や暮らしそのものが、人びとに求められる「舞台《ぶたい》」となるわけです。

知識や情動が消費されるいまの時代に、(1)もっともふさわしくない開発方式は、※「スクラップ・アンド・ビルド」です。地域空間において※営々と積み上げられてきた暮らしの風景は、いちど壊《こわ》されたらもとには戻《もど》りません。

スクラップ・アンド・ビルドは、工業化・近代化の時代には効率的な開発手法でした。かつては、地域の歴史やその場所のストーリーを「リセット」することこそが開発だ、と考えられていた時代がありました。しかし、建てなおされたその場所は新しくてきれいかもしれませんが、他の場所にも次々と新しいものはできるので、その場所ならではの個性を保っていくのはなかなか大変です。

これに対して、歴史のある自然や建物を、完全にスクラップせずに、むしろその雰囲気《ふんいき》を守りつつ、時代にあった機能や意味を加えて再生する手法が「リノベーション」です。リノベーションとはもともと建築用語で、中古の建築物に対して、現代的に機能・価値を再生するために全面的に改修する事業をさします。

Ⅱ大阪には、昔たくさんつくられた長屋建ての住居があります。その起源は、大阪が商人・町人のまちとして発展した近世にあり、近代に入ってからは自治体の都市計画によって再整備されてきた歴史があります。大阪の長屋は、このように長いあいだ引き継《つ》がれてきた庶民《しょみん》の暮らしを象徴《しょうちょう》する「大阪らしい」建造空間です。一時期はその価値が認められず、※老朽化《ろうきゅうか》が進むにつれ取り壊されてきましたが、近年は、レトロな雰囲気やコミュニティ感覚が再評価されて、店舗《てんぽ》、事務所、宿泊施設《しせつ》などにリノベーションされるようになっています。モノとしては古くなり、その点では価値を失っていても、(2)別の角度から「意味」を与《あた》えられることで、価値が再生するのです。

地域空間に対しても、さまざまなタイプのリノベーションが展開されています。これまでは、開発しやすいように土地を※更地《さらち》化《か》するのが大前提で、特別に歴史的に価値があると認められる建物が点的に保護されるだけでしたが、本当は、あらゆる場所に歴史があります。

巨額《きょがく》の設備投資によって空間を新しくつくりだすよりも、地域の文脈を読みこみ、再解釈《さいかいしゃく》して、求められている「生活の質」や「地域らしさ」を表現することが、[Ⅲ]現代的な開発手法になっています。このほうが大きな費用をかけずに済みますし、地域に新たな価値を与えることができるのです。大阪の長屋リノベーションも、現代的な市街地再開発だといえます。

※本書の金沢《かなざわ》の事例で見たように、都会では薄《うす》れてしまったローカルな要素――人とのふれあい、近隣《きんりん》で協力しあうコミュニティ、余裕《よゆう》のある時間や空間、山や海など自然環境《かんきょう》への近さ、風土に根ざした衣食住の慣習、歴史を感じるまちの風景、伝統を※醸《かも》す職人的なものづくりなど――が再評価され、地域に「価値」を与えています。たとえ新幹線が開通しても、これらがない金沢では、その効果は長つづきしなかったでしょう。

地域のリノベーションとは、地域固有の自然や景観、伝統、文化、コミュニティなど、暮らしの豊かさを支える「（　　）」の意味を再評価し、地域の資源とすることを意味します。地域住民から見ると、ありふれていて身近な物事かもしれませんが、その歴史的・文化的な意義を知り、新しい面白さを発見することが重要です。全国各地でおこなわれている「地域おこし」や「まちづくり」は、この意味づけ（意味の再評価）によって「地域の価値」をつくろうとする運動だといえます。「地域の価値」が、地域内・外の人の共感をあつめれば、それだけ多くの人が訪れたり、移住したりすることにもつながります。

人びとに真の感動を与えるには、そこに「本物」がなくてはなりません。「（　　）」とは、その地域で人びとが生きてきたことの積み重ねです。歴史や自然や社会と一体になった人びとの知恵《ちえ》の結晶《けっしょう》です。過去からの※継承《けいしょう》こそが価値を高めます。

とはいえ、「（　　）」は(3)地域の人びとにとっては当たり前すぎて、認知されていない場合もあります。子どもや孫たちに対して「ここには何もないから大きくなったら都会に行ったほうがよい」という価値観を刷りこんできたという話は、よく聞きます。
普段《ふだん》は認識されていない「（　　　）」の価値をわかりやすく※抽出《ちゅうしゅつ》するためには、どうしたらよいでしょうか。それには、地元の人や専門家と一緒《いっしょ》になって地道に学習するプロセスが必要です。「意味づけ」が価値を高める時代になったからこそ、漠然《ばくぜん》としていた「地域の価値」を言葉にしたり、デザインしたりして、それを共有していく人びとのネットワークが意義をもちます。
金沢の事例でのべたように、観光に利用できるわかりやすい※アイコン的な「文化」や「景観」が大事なのではなく、その背後にあるもの、まちの個性や時代の変化にあわせて市民が意識して磨《みが》きつづけてきた※「都市格」こそが、都市の文化の「（　　　）」にあります。もちろん新しい取り組みを排《はい》するのではなく、むしろ過去から継承してきたものに対して、現代的に磨きをかけていくことが求められます。それが地域の「（　　　）」を育て、豊かにしていくことにもつながるのです。

（除本理史　佐無田光(4)『きみのまちに未来はあるか？――「（　　　）」から地域をつくる』岩波ジュニア新書より）

※スクラップ・アンド・ビルド…古くなった建物をとりこわし、新しく便利な建物に建てなおす都市開発の仕方のこと。
※営々と…熱心に休みなく。
※老朽化…古くなり、役に立たなくなること。
※更地化…土地から建物をなくし、すぐにでも新しい建物を建てられる状態にすること。
※本書の金沢の事例…石川県の伝統都市、金沢市の取り組み。外部から商業的ビジネスモデルを導入するのではなく、小規模でも地元主体で再開発に取り組んだ。地域に眠《ねむ》っている文化資源に目を向け、人びとの目を引く新たな発信を続けている。
※醸す…ある状態や雰囲気を、次第につくり出すこと。
※継承…受けつぐこと。

※抽出…多くの中から、ある特定のものをぬき出すこと。
※アイコン…直感的にわかりやすく、あこがれや象徴《しょうちょう》となるもの。
※都市格…都市にそなわった個性や性質のこと。

問一 ――部(1)「もっともふさわしくない開発方式は、『スクラップ・アンド・ビルド』です」について、それはなぜですか。理由を二つ書きなさい。

問二 ――部(2)「別の角度から『意味』を与えられることで、価値が再生する」について、これはどういうことですか。説明としてふさわしいものを次の中から一つ選び、記号で答えなさい。

ア 古いものを守る方針に変えることで、過去に持っていた価値がそのまま再生するということ。
イ これまでとは別の所有者が管理することで、多くの客を呼び新たな価値を持つということ。
ウ 時代にあった機能や意味を加えることで、自分の住む地域に新たな価値を与えるということ。
エ 古くなった建物に手を加えることで、建物の寿命《じゅみょう》が延びるという価値を手に入れること。

問三 本文中の Ⅰ ～ Ⅲ に入れるのにふさわしい言葉を次の中からそれぞれ一つずつ選び、記号で答えなさい。

ア むしろ　イ だから　ウ なぜなら　エ しかし　オ たとえば

問四 本文中の「(　　)」には、たとえの表現として植物のある部位を表す言葉が入ります。本文をよく読んで筆者の考えを理解したうえで、ふさわしい言葉を次の中から一つ選び、記号で答えなさい。なお、(　　)にはすべて同じ言葉が入ります。

ア 茎《くき》　イ 葉っぱ　ウ 根っこ　エ 枝

問五 ――部(3)「地域の人びとにとっては当たり前すぎて、認知されていない場合もあります」について、「認知」するために筆者は何が必要だと考えていますか。それがわかる部分を本文から探し、三十字以内でぬき出して答えなさい。

問六 ——部(4)「きみのまちに未来はあるか?」について、生徒たちが次のような会話をしています。この中で、筆者の考えを最も正しく理解している生徒は誰《だれ》ですか。**ア**～**オ**の記号で答えなさい。

ア A君—ニュースを見ると、最近全国の地方都市で再開発が行われているみたいだね。その場合成功のカギは、いかに費用をかけて大規模に街をつくり替《か》えられるかということだよ。

イ B君—中途半端《ちゅうとはんぱ》はダメだよね。変えるなら全部思い切って変えないと。ただし仙台《せんだい》なんかでもそうだけど、特別に歴史的価値のある建物だけは何とか残したいね。観光名所にもなるし。

ウ C君—古いもの、伝統っていうのかな、やっぱり大切だよね。今の時代がどんなに進歩しても、昔の価値を一切変えることなくそのまま残すことが最優先だよね。

エ D君—確かに伝統は大切だけど、絶対変えないとかじゃなくて、今の時代の目から見つめなおすことが必要なんじゃないかな。そうしないとせっかくの伝統も未来につながらないよ。

オ E君—とにかく街を活性化させる材料は、そこに住んでいる人は誰でもわかっているわけだから、再開発する場合にはその意見にしっかり耳をかたむけることが必要なのかもしれないよ。

二

次の文章を読んで、後の問いに答えなさい。（一部本文を改めたところがあります。）

朔《さく》は父親の故郷である仙台へ帰省する際、弟の新《あき》の都合により乗車した高速バスの事故で、視力を失ってしまった。その後、朔はブラインドマラソン（視覚に障がいのある走者と伴走者《ばんそうしゃ》が数十センチの紐《ひも》・ロープを互《たが》いに持って走る競技）の存在を知って参加を決め、その伴走に新を指名する。本文は、あるレースがスタートする直前の場面である。

「そろそろ並んでおこうか」

新に促《うなが》されてスタートゲートへ足を向けた。

「あ、※境野《さかいの》さんたちだ。ずいぶん前のほうにいる」新が踵《かかと》をあげた。

「※秋田さんは、早めに準備しておきたいタイプなんだろうな」

Ⅰ「そういえば、待ち合わせも時間よりずいぶん早くに来てたし」

「アップを始めるのも早かった」

朔はそう言って、ふっと笑みをこぼした。

「境野さんって、そういうところをちゃんと押《お》さえてくんだよ」

「……な、朔は境野さんが目指してることって聞いたことある？」

「ん？」

「伴走者としてってやつ」

いや、と※かぶりを振《ふ》ると、新は※口角をあげた。

「伴走したランナーが、また次も走りたいと思えるレースをすること、だって」

Ⅱ「ああ、うん」

「目標タイムで走ることでも、順位でも、完走することでもない」
「境野さんらしいね。でもそうだよな、走る目的も、理由も、ひとりひとり違《ちが》う」
そう言った朔の横顔を見て、新はにっと笑った。
Ⅲ「でもみんな、ゴールを目指してる。そこは一緒《いっしょ》だよ」
どくっ。
朔の内側が鈍《にぶ》く音を立てた。
……ゴール。
「朔？」
朔の腕《うで》に新は肘《ひじ》を当てた。
「どうした？　腹でも痛い？　もしかして緊張《きんちょう》してきたとか？」
ふたりの横を、スタートゲートに向かうランナーたちが追い越《こ》していく。
……ゴール。
朔は薄《うす》く唇《くちびる》を開いた。
オレは、どのゴールを目指しているんだろう。目指してきたのだろう。
ゴールが見えない。いや、見えるわけがないのだと朔は唇を噛《か》んだ。
そんなことは、とっくにわかっていた。だって、最初から(1)間違った方向へ向かって駆《か》け出していたんだから。そのことに気づきながら、ずっと気づかないふりをしてきた。自分の内にあるものを、きれいなことばでコーティングして、正当化した。自分が傷つかないよう、汚《よご》れないよう、気づかないふりをしているうちに、それは都合よく自分の意識から消えていった。
朔は喉《のど》に手を当てて、息を吸った。喉の奥《おく》が小さく震《ふる》える。
だけど、このまま気づかないふりをして、新を縛《しば》って、その先になにがあるんだろう。

あるのは、たぶん、きっと、後悔《こうかい》だ。
「ごめん」
「え、なに？」
朔は浅く息をした。
「いつか新、言っただろ、オレのこと※偽善者《ぎぜんしゃ》だって」
「はっ？」
「あれ正しいよ。オレ、新が陸上やめたこと知ったとき、腹が立った」
どうしてそんなに腹を立てたのか、あのときは朔にもわからなかった。考えようともしなかった。ただむしょうに、猛烈《もうれつ》に腹が立った。
「オレがブラインドマラソンを始めたのは、おまえを走らせようと思ったからだよ」
「そんなことわかってたよ。朔はオレのために」
「違う」ことばを断ち、もう一度「違う」と朔はくり返した。
「そう思わせただけ。ただの※欺瞞《ぎまん》だ」
新の目がくっと見開いた。
「オレは、新が思ってるようないい兄貴でもないし、人のことを思いやったりできる人間でもない。嫉妬《しっと》も後悔もするし、恨《うら》んだりもする。新のことだって」
「いいよ！　いいよ、そんなこと言わなくて。ていうかなんで言うんだよ、しかもいまってなんだよ」
「いまだから」
いまじゃなかったらオレは話せていない。
また気づかないふりをしてしまう。逃《に》げてしまう――。

「意味わかんねんだけど」
新の声がかすれた。
「おまえに伴走を頼《たの》んだのは、オレのそばにいて、オレと一緒に走ることで、新が苦しむことがわかっていたからだ」
新を傷つけてやりたかった。失明したのは新のせいじゃない。事故だった。ただ運が悪かっただけだ。頭ではわかっていたつもりだった。それでも、病院のベッドの上でも家を離《はな》れてからも、もしもと同じことが頭をよぎった。
新のせいにするなんてどうかしている。そんなことを思うなんて、頭がおかしくなったんじゃないかと自分を疑った。でも、頭ではわかっているはずなのに、気持ちがついていかなかった。どうしても、もしもと考え、それをあわててかき消して、また同じことを繰《く》り返した。
時間とともに、身のまわりのことがひとつひとつできるようになり、視力に頼《たよ》らず暮らしていく※すべを覚えていった。もしも、ということばが※頭をもたげることもほとんどなくなった。これなら家に戻《もど》っても、家族の荷物にならず生活できる。新と会っても感情が揺《ゆ》れることはない。そう思って帰ったのに、※梓《あずさ》から新が陸上をやめたことを聞いたとき、時計の針が□した。
あのとき、新がやめた理由を梓に問いながら、朔には察しがついていた。
オレが視力を失った代わりに、新は陸上をやめた――。
そういうことを考えるやつだとわかっていた。だけどそれは、裏を返せば単に楽になろうとしているだけのことではないのか？　大切なものを手放し、失うことで、同じ痛みを負ったつもりになっている。
そんな弟を、あのとき激しく嫌悪《けんお》した。
新を走らせる。走らせて、走ることへの※渇望《かつぼう》を煽《あお》ってやりたい。
失うことの、奪《うば》われることの苦しさはそんなものではない。それを味わわせたい――。
だけど、わかっていなかったのはオレだ。

オレは、新の苦しみをわかっていなかった。わかろうとしなかった。
「おしまいにする」
「はっ？」
「もう新とは走らない」
「なに言ってんの？」
「……勝手なこと言ってるのはわかってる。けど、ごめん。これ以上、自分に※幻滅《げんめつ》したくない」
新は朔が手にしているロープを握《にぎ》った。
「きっかけなんて、どうでもいいじゃん。神様じゃないんだ、人間なんだからいろいろ思うだろ。オレが朔なら、どうなってたかわかんないよ。まわりに当たり散らして、壊《こわ》して、傷つけて、自分の中にこもって、なにもできなかったんじゃないかって思う。朔が思ったことはあたりまえのことだよ」
一気に言うと、新は大きく息をついた。
「それに、朔、それずっと続かなかっただろ」
朔の顔がぴくりと動いた。
「わかるよ、毎日一緒に走ってきたんだから。伴走頼まれたとき、オレ、マジでいやだった。でもいまはよかったと思ってる。朔が言ってくれなかったら、オレはいまだってきっと、朔からも走ることからも逃げてたと思う」
「だからそれは」
ううん、と新は首を振った。
「伴走引き受けてからも、ずっと朔のために走ってるんだって自分に言い訳して、ごまかしてた。それで納得しようとしてた。でも、たぶん違った。(2)伴走者としては間違ってるし、オレは失格かもしれないけど、やっぱりオレは、オレのために走ってた。朔と走ることは朔のためじゃなくてオレのためだった」

新はロープを握り直した。走ることは、孤独《こどく》だ。どんなに苦しくても、辛《つら》くても、誰かに助けてもらえるものではない。走れなくなったらその場に立ち止まり、倒《たお》れ込《こ》むだけだ。それはブラインドマラソンも同じだ。ふたりで走っていても、伴走者が支えるわけじゃない。手を引くわけでも、背中を押すわけでも、代わりに走るわけでもない。

ふたりで走っていても、それは変わらない。

走ることはやっぱり孤独だ。

孤独で、自由だ。

「行こう」

(3)「オレは（　　）」

(4)「最後ならそれでもいいよ。だけど、ここで棄権《きけん》するとか言うなよな」

新は朔の腕をつかんで、スタートゲートへ足を向けた。

（いとうみく『朔と新』より）

※境野さん…ブラインドマラソンの伴走者。今回のレースでは秋田さんと走ることになっている。

※秋田さん…ブラインドマラソンの走者。朔・新の二人とは、かつて参加した練習会で交流がある。

※かぶりを振る…頭を横に振り、否定すること。

※口角をあげた…くちびるの端《はし》をあげてほほえむ様子。

※偽善者…うわべだけ善人に見せかけた言動をする人。

※欺瞞…うそをついて人をだますこと。

※すべ…手段、方法。

※頭をもたげる…かくれていた考えなどが表に出てくること。

※梓…朔のガールフレンド。事故以前から、熱心に朔を支えてきた。
※渇望…心から待ちこがれること。
※幻滅…現実と頭の中で思いえがいていたことが違うとわかり、がっかりすること。

問一 本文中のⅠ・Ⅱ・Ⅲはそれぞれ誰の発言であると判断されますか。ふさわしいものを次の中から選び、それぞれ記号で答えなさい。なお、同じ記号を何度使ってもかまいません。

ア 朔　**イ** 新　**ウ** 境野さん

問二 〜〜部「むしょうに」の意味としてふさわしいものを次の中から一つ選び、記号で答えなさい。

「むしょうに」
ア なんとなく
イ あきらかに
ウ むやみに
エ めずらしく

問三 ——部(1)「間違った方向」について、これはどういうことですか。「伴走者」という言葉を用いながら、三十字以上四十字以内で説明しなさい。なお、句読点や記号も一字とします。

問四 本文中の□に入れるのにふさわしい語を次の中から一つ選び、記号で答えなさい。

ア 回転　**イ** 逆回転　**ウ** 停止　**エ** 故障

問五 ——部(2)「伴走者としては間違ってるし、オレは失格かもしれない」について、「新」はなぜこのように考えるのですか。説明しなさい。

問六 ——部(3)「オレは（　　）」の（　　）に言葉を補うとすれば、どのような語句が入りますか。考えて書きなさい。

問七　――部(4)「新は朔の腕をつかんで、スタートゲートへ足を向けた」について、その説明としてふさわしいものを次の中から一つ選び、記号で答えなさい。

ア　朔の本心を聞きながらも、新は自分が走ることの意味を確認することができ、レースに前向きに取り組もうとしている。
イ　伴走者としては望ましい形ではないと思いながらも、これからも朔を支え、何度でも一緒に走りたいと願い始めている。
ウ　朔にレースで結果を残させるため、最後でもいいからと説得することで、とにかくスタートしてしまおうと思っている。
エ　朔の本当の気持ちをはじめて聞いて混乱している新は、とにかくスタートしてそのことを忘れてしまおうと考えている。
オ　思いを朔に伝え理解しあうことができた新は、これからは自分のために本気で陸上を追求したい気持ちが芽生えている。

三

①～⑤の――線部のカタカナを漢字に直し、⑥～⑩の――線部の漢字の読みをひらがなで書きなさい。

① 機械をソウサする。
② キビしい結果が出る。
③ フクザツな図形をえがく。
④ 病院でケンサを受ける。
⑤ 近所に新聞をクバる。

⑥ 湖の深さを測る。
⑦ とても清潔な部屋。
⑧ 孝行な息子と言われる。
⑨ 成功できるよう努める。
⑩ 救助の訓練が行われた。

2021（令和３）年度

東北学院中学校入学試験問題
＜前期２教科型＞

算　　数

2021（令和３）年１月７日（木）

10：05 ～ 10：55（50分間）

注意事項

1．受験番号・氏名を解答用紙にはっきり記入してください。

2．答えは，すべて解答用紙に記入してください。

3．計算は問題冊子《さっし》の余白を利用し，解答用紙には指定された答えだけを記入してください。

4．解答用紙だけを提出してください。

第一問 次の計算をしなさい。

(1) $724 - 237$

(2) $21 - 18 + 5$

(3) $1\frac{1}{5} - \frac{4}{5}$

(4) $\frac{3}{4} + \frac{2}{3}$

(5) $0.8 - \frac{2}{3}$

(6)　4.3×4.7

(7)　$2.1 \div 0.42$

(8)　$12 - 4 \times 2 + 5$

(9)　$\dfrac{3}{8} \div \dfrac{7}{12} \times 3.5$

(10)　$\left(\dfrac{5}{8} - 0.25\right) \times 24$

第二問　次の１～５の問いに答えなさい。

１　次の(1)，(2)の問いに答えなさい。

(1)　３つの数　36，60，84　の最大公約数を求めなさい。

(2)　３つの数　６，８，９　の最小公倍数を求めなさい。

２　次の表はA《エー》，B《ビー》，C《シー》，D《ディー》の各地域における，ある農作物の作付《さくづけ》面積と収《しゅう》かく量を表しています。

１ m^2 あたりの収かく量が最も多い地域を選び，A，B，C，Dの記号で答えなさい。

表

地域	作付面積 (m^2)	収かく量 (kg)
A	1000	5900
B	450	2700
C	250	1300
D	1200	6600

3　80ページの本を，1日めに全体の$\frac{2}{5}$だけ読み，2日めに残りの$\frac{3}{4}$を読みました。
あと何ページ残っていますか。

4　A《エー》駅には長さが95mの動く歩道があります。
この動く歩道に乗って歩かずに進んだら，おりるまでに1分40秒かかりました。
この動く歩道の速さは，分速何mですか。

5　次の(1)〜(3)の2つの量で，y《ワイ》がx《エックス》に

　　比例しているものには　○
　　反比例しているものには △
　　どちらでもないものには ×

を書きなさい。

(1)　縦の長さがx cmで，横の長さがy cmである長方形の面積は24cm^{2}である。
(2)　縦の長さが6cmで，横の長さがx cmである長方形の面積はy cm^{2}である。
(3)　縦の長さがx cmで，横の長さがy cmである長方形のまわりの長さは24cmである。

第三問　次の１～４の問いに答えなさい。

1　　下の図は，１組の三角定規を重ね合わせた様子を図にしたものです。
　　㋐の角の大きさを求めなさい。

図

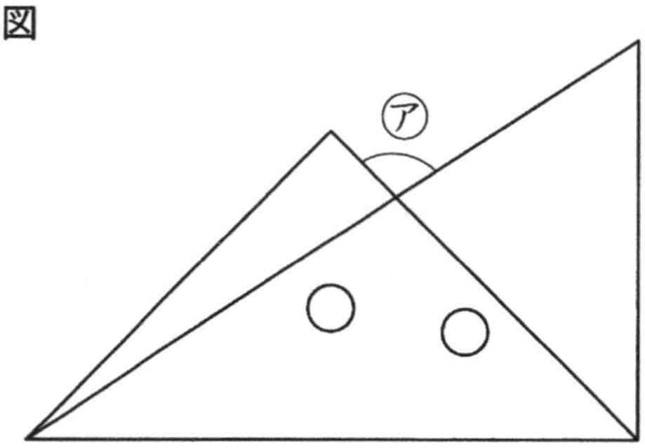

2　　下の図は，１つの長方形を面積が等しい４つの長方形に分けたものです。
　　㋑の長さを求めなさい。

図

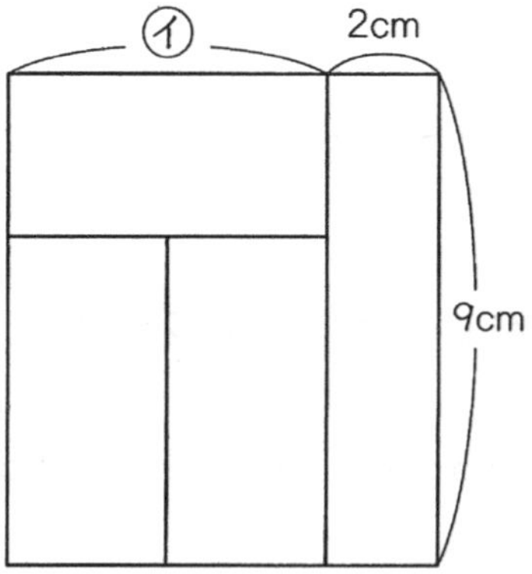

二〇二一（令和三）年度　東北学院中学校入学試験〈前期２教科型〉国語　解答用紙

受験番号　1

氏　名

得　点

※100点満点
（配点非公表）

一

問一

１つ目

２つ目

問二

問三

Ⅰ

Ⅱ

Ⅲ

問四

問五

問六

(10)	

第三問

1	度
2	cm
3	cm^2
4	cm^3

第四問

1		℃
2		
3	(1)	℃
	(2)	

受験番号	1				氏　　名	

得　　点

※100点満点
(配点非公表)

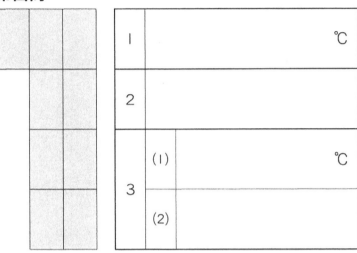

2021（令和3）年度　東北学院中学校入学試験＜前期2教科型＞算数　解答用紙

（注意）　　　には何も記入しないこと。

第一問

(1)	
(2)	
(3)	
(4)	
(5)	
(6)	
(7)	
(8)	

第二問

1	(1)	
	(2)	
2		
3		ページ
4	分速	m
5	(1)	
	(2)	
	(3)	

【解答用

二

問一 Ⅰ

問一 Ⅱ

問一 Ⅲ

問二

問三

問四

問五

問六

問七

三

① ソウサ

② キビしい

③ フクザツ

④ ケンサ

⑤ クバる

⑥ 測る

⑦ 清潔

⑧ 孝行

⑨ 努める

⑩ 救助

3　下の図は，点 O《オー》を中心とする円の一部と対角線の長さが 5cm の長方形 OABC《エービーシー》を組み合わせたものです。色をぬった部分の面積を求めなさい。ただし，頂点《ちょうてん》A，C は円の半径上に，頂点 B は円周上にあるものとします。

図

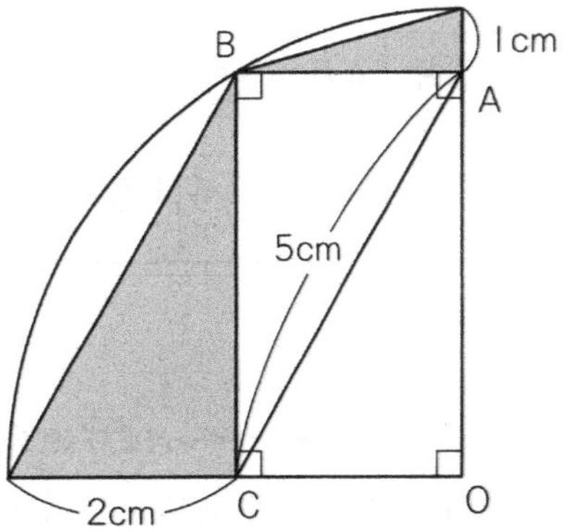

4　下の図は円柱の展開図《てんかいず》です。

底面が半径 1cm の円で，側面の長方形の面積が $15.7cm^2$ であるとき，この円柱の体積を求めなさい。ただし円周率は 3.14 とします。

展開図

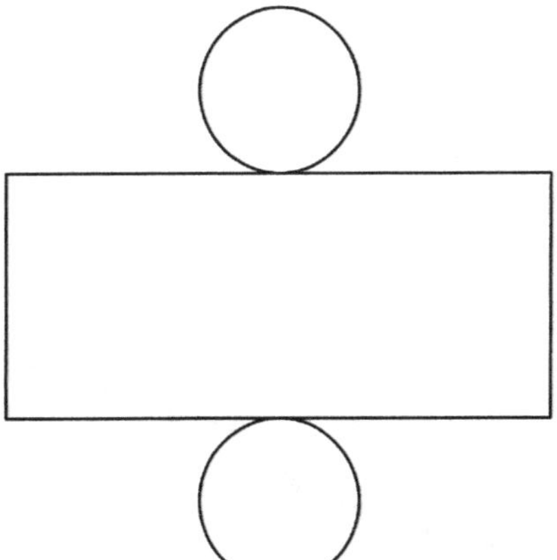

第四問　次の表1は，仙台市の2019年の月ごとの平均気温をまとめたものです。この表1を見てまさきさんと先生が会話をしています。会話を読んで，あとの1～3の問いに答えなさい。

表1

2019年	1月	2月	3月	4月	5月	6月	7月	8月	9月	10月	11月	12月
平均気温(℃)	2.4	3.7	7.0	10.2	17.4	19.0	22.4	26.2	22.4	16.9	10.0	5.4

（気象庁ホームページより作成）

まさき　「2019年も暑かったなぁ。やっぱり地球温暖《だん》化の影響《えいきょう》なんですか？」

先　生　「そうかもしれないね。10年前に比べると，暑くなっている気がするよ。」

まさき　「先生，2009年8月の平均気温を調べていたら『2009年8月の平均気温は2019年8月と比べて－3.3℃』って出てきたんですけど，これってどういうことですか？」

先　生　「あぁ，それはマイナス3.3℃って読むんだ。2009年8月の平均気温は2019年8月よりも3.3℃低いってことだよ。」

まさき　「そうなんですね。先生，2019年の平均気温と最高気温のグラフ（図）も出てきました。」

先　生　「お，じゃあ少し見てみよう。グラフを読んで何か気づくことがないか探してみよう。」

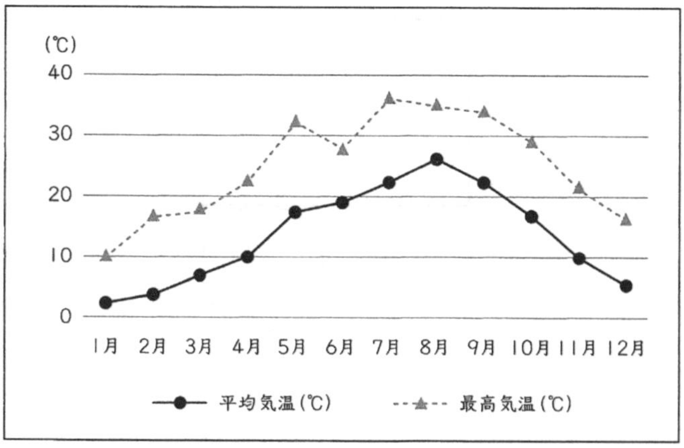

図：仙台市の2019年の月ごとの平均気温と最高気温のグラフ

1　2009年8月の平均気温を求めなさい。

2　グラフから読み取れることとして，正しいものを次の記号**ア～オ**の中から**すべて**選び，記号で答えなさい。

ア　最高気温が最も高いのは5月である。

イ　最高気温と平均気温の差が10.0℃より大きい月はない。

ウ　平均気温が最も高いのは8月である。

エ　1月から12月にかけて，最高気温が上がれば平均気温が上がり，最高気温が下がれば平均気温も下がっている。

オ　1月から12月にかけて，平均気温が30.0℃を超《こ》えた月はない。

（問題は次のページに続く）

3　まさきさんは，温暖《だん》化が進行しているかどうかを調べるために，最近10年間（2010年～2019年）の仙台市の8月の最高気温と，まさきさんの先生が生まれた頃（1970年～1979年）の仙台市の8月の最高気温を調べ，下のような表（**表2**）を作成しました。
あとの(1)，(2)の問いに答えなさい。

表2

年	2010	2011	2012	2013	2014	2015	2016	2017	2018	2019
8月の最高気温（℃）	34.5	35.4	33.9	35.6	35.4	36.6	35.3	32.6	37.3	35.1

年	1970	1971	1972	1973	1974	1975	1976	1977	1978	1979
8月の最高気温（℃）	33.1	32.2	34.0	35.9	33.8	34.9	32.4	33.0	35.7	35.0

（気象庁ホームページより作成）

(1)　2010年～2019年の8月の仙台市の最高気温の平均を求めなさい。
ただし，答えは**小数第2位を四捨五入《ししゃごにゅう》して，小数第1位まで答える**こと。

(2)　まさきさんは，2010年～2019年の8月の仙台市の最高気温の平均と，1970年～1979年の8月の仙台市の最高気温の平均を比べました。
［あ］にあてはまる数字を答えなさい。
ただし，答えは**小数第2位を四捨五入して，小数第1位まで答える**こと。

> 2010年～2019年の8月の仙台市の最高気温の平均は，1970年～1979年の8月の仙台市の最高気温の平均に比べて，［あ］℃高くなっている。

(以下余白)

2021(R3) 東北学院中
K 教英出版